2100年への
パラダイム・シフト

日本の代表的知性50人が、世界/日本の大変動を見通す

広井良典＋大井浩一 編

作品社

２１００年へのパラダイム・シフト

——日本の代表的知性50人が、世界／日本の大変動を見通す

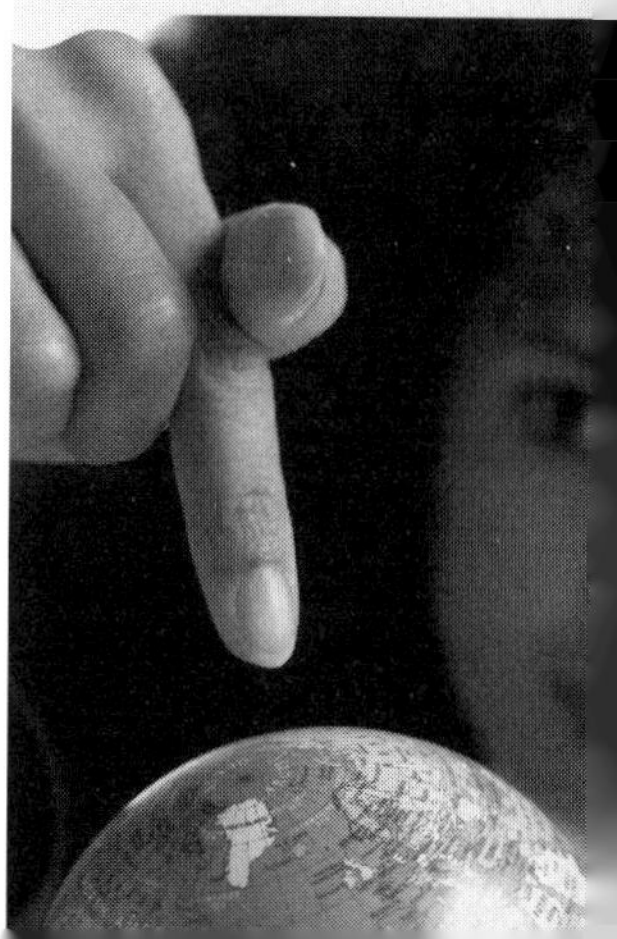

総論　超長期の歴史把握と現在——２１００年を考える

広井良典

第Ⅰ部 国家と紛争の行方

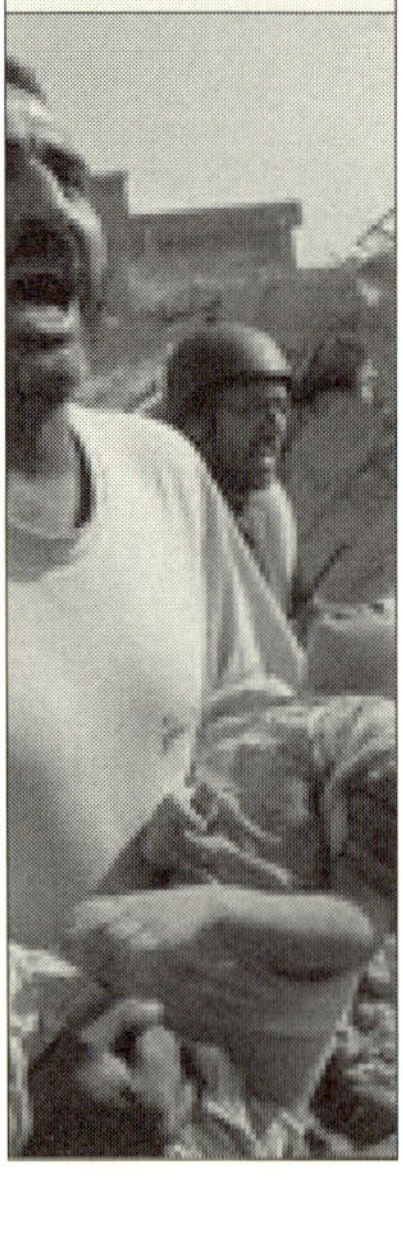

［討議］21世紀の世界システムとは？……田中明彦（東京大学東洋文化研究所教授）×広井良典 46

多元的な都市力強化が鍵に——多極化と社会の多様化 村田晃嗣（同志社大教授・米国外交史） 50

注目される「動く中国人」の役割——新しい中華？ 園田茂人（東大教授・中国社会論） 53

グローバル化を飼いならす欧州——苦悩する欧州 遠藤乾（北大教授・国際政治） 56

自前の秩序実現こそ中東の「春」——アラブの本当の春 酒井啓子（千葉大教授・中東政治） 59

「テロとの戦争」が招く真の危険——「テロとの戦争」の意味 西谷修（立教大特任教授・仏哲学） 62

「民族自決」の夢を問い直せ——「民族自決」の夢 西崎文子（東大教授・米政治外交史） 65

多極化へ向かうサイバー空間——拡大するサイバー空間 原田泉（国際社会経済研究所主幹研究員・情報社会論） 68

足元の空間から共同性構築を——グローバル・ヒストリーの中の国家 水島司（東大教授・南アジア近現代史） 71

21世紀の自由主義・民主主義・資本主義——民主主義と資本主義 三宅芳夫（千葉大学教授・哲学／社会思想史） 74

第II部 脱〈成長〉への道

［討議］豊かさの変質と定常化……神野直彦（東大名誉教授・財政学）×広井良典 80

「拡張」から「循環・共生」の論理へ——モデルなき経済をいかに構想するか 佐伯啓思（京大名誉教授・社会経済学） 84

時間と生活を奪還するために——時間と脱成長 セルジュ・ラトゥーシュ（経済哲学学者）翻訳：中野佳裕 87

「我」と「場」の幸福論——新たな幸福論 内田由紀子（京大こころの未来研究センター准教授・社会心理学） 92

資本主義の先に何を目指すべきか？——ポスト資本主義 熊谷誠慈（京大こころの未来研究センター准教授・仏教学） 95

「働くこと」の変容とモデル構築——働き方のパラダイム・シフト 玄田有史（東大教授・労働経済学） 99

資本主義の〝過剰〟性の是正を——脱資本主義の行動原理 水野和夫（法政大教授、経済学） 102

弊害を自省する「近代」の可能性——再帰的近代の可能性 渡辺靖（慶応大教授・文化人類学） 105

「真の豊かさ」を測る指標とは？——豊かさの変容 西川潤（早大名誉教授・開発経済学） 108

工業化の限界、経済転換で打破を——工業化の限界 田中洋子（筑波大教授・労働経済史） 111

世界をタフに生き抜くために——人間の成長 青木保（国立新美術館長・文化人類学） 114

日本救う若者のローカル志向——地域再生からの構築　広井良典　117

第Ⅲ部　〈核〉と人類

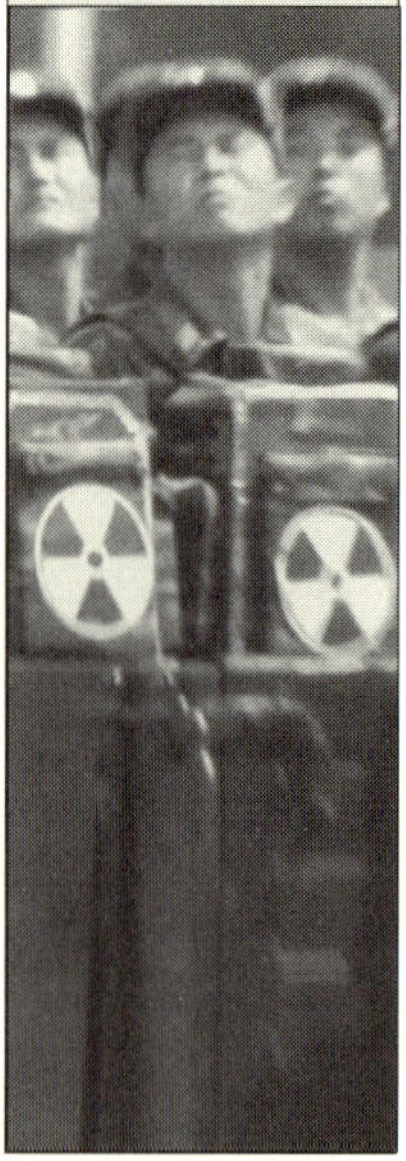

[討議] 21世紀世界と〈核〉……加藤尚武（京大名誉教授・倫理学）×広井良典　122

米中の拮抗と非国家の挑戦——核兵器をめぐる世界政治の展望　梅本哲也（静岡県立大教授・国際政治学）　127

「自前の科学」を取り戻せるか——原爆と原発の間　武田徹（恵泉女学園大教授・ジャーナリスト）　130

市民が考え選択する文化へ——専門知とメディア　藤垣裕子（東大教授・科学技術社会論）　133

冷戦由来の科学技術を超えて——冷戦と科学技術　米本昌平（総合研究大学院大教授・科学史）　136

ポスト核抑止の安全保障概念を——ポスト核抑止　米本昌平（総合研究大学院大教授・科学史）　139

残り続ける「核の墓場」——エネルギー移行工程を組む　吉岡斉（九州大教授・科学技術史）　142

人権優先の「世界共和国」へ——原子力イメージの転換　加藤哲郎（一橋大名誉教授・政治学）　145

第Ⅳ部 新しい倫理

［討議］変容の時代における倫理……伊東俊太郎（東大名誉教授・科学史）×広井良典 150

宗教は「連帯」へ進化できるか？――宗教と人間　橋爪大三郎（東工大名誉教授・社会学） 154

道徳性の脳神経科学――脳神経科学　阿部修士（京大こころの未来研究センター准教授・認知神経科学） 157

正義の基準、ネットで議論を――ネット社会の正義　西垣通（東京経済大教授・情報学） 160

自由な主体に必要な「尋ねあい」――「自由」の基点を再建する　西研（東京医科大教授・社会哲学） 163

「共同性」をめぐる相克――コミュニティ　吉原直樹（大妻女子大学教授・都市／地域社会学） 166

「記憶」のリセットより再生を――景観・健康・希望　松原隆一郎（東大教授・社会経済学） 170

良質の座談が開く創造性――座談の可能性　鶴見太郎（早大教授・日本近現代史） 173

脱「他者」時代のコミットメント――脱「他者」時代　河合俊雄（京大こころの未来研究センター教授・臨床心理学） 176

「地球倫理」はどういう意味をもつか？――地球この有限なるもの　広井良典 179

生命論的世界観への転換――生命論的世界観へ　中村桂子（JT生命誌研究館館長・生命誌） 182

第V部 変貌する学と美

[討議] 大停滞後の文明と知識・教育・芸術 …… 山崎正和（劇作家）×広井良典 186

冷戦の思考を超え、現代史の再編へ――現代史の分割・再編 中島琢磨（龍谷大准教授・日本政治外交史） 191

歴史を喚起する詩の冒険へ――詩の冒険 管啓次郎（詩人、明治大教授） 194

メディアは「教育媒体」になるか？――教育としてのメディア 佐藤卓己（京大教授・メディア史） 197

国家からの自立を求めて――在野が開く光景 黒川創（作家） 200

大学の未来は教養教育から――大学の死と再生 猪木武徳（大阪大名誉教授・労働経済学） 203

他者への寛容を喚起するアート――美的観念の転回 建畠晢（埼玉県立近代美術館長・多摩美術大学学長） 206

新たな歴史、新たな文学へ――文学の再誕 三浦雅士（文芸評論家） 209

あとがき――大井浩一 212

編者紹介 216

総論――2100年を考える

超長期の歴史把握と現在

広井良典

はじめに――2100年を考えることの意味

本書は、「2100年」を基本的な視野において、これからの世界や人間のありようを幅広い角度から探究するものである。

それは言い換えれば、トランプ現象、イギリスEU離脱、各地で頻発するテロ・民族紛争、中国・インドそしてアフリカの台頭……等々といった個々の事象の根底にある潮流を明らかにし、2100年に向けた超長期の歴史の展望を探る試みでもある。

さて、次の世紀の変わり目という点は別にして、「2100年」という年を私たちは身近なレベルでどのようにイメージしうるだろうか。

あらためて確認すると、いま生きている私たちの中で、2100年という時点においてなお生きている者はかなり少数だろう（ちなみに私は一九六一年生まれなので、仮に2100年に生きているとすれば――まずありえないことだが――、一三九歳になっていることになる）。

一方、今年（二〇一七年）生まれた赤ん坊は、2100年には八三歳であり、現在の日本の平均寿命は男性八〇・七九歳、女性八七・〇五歳（平成二七年簡易生命表の概況）なので、今後の多少の平均寿命の伸びも考慮すれば、大きく言えば半数前後ないしそれ以上は生きていることになる。素朴な言い方をすれば、今年生まれた子や孫が八三歳という、大方その平均的な寿命に達するのが2100年ということだ。

したがって2100年という未来を展望するということは、言い換えれば、今年生まれた赤ん坊が、どのような一生を過ごし、その人生を終えることになるか、というテーマを考えることとも実はほぼイコールであり、このように考えると、「2100年」という話題に若干の新たなリアリティが生まれるように思われる。

1……世界人口の定常化

高齢化の地球的進行

ところで、本書は通常の意味での〝未来予測〟の本ではない。つまり、2100年における新たな科学・技術の個別の姿とか、国際情勢とか、地球環境をめぐる状況等々を細かく分析し予測すること自体を目的とするものではなく——そうした内容に関連する記述もある程度含まれるが——、むしろそうした現象の底流にある、大きな次元での思想や観念、人間の行動様式や社会の構造変化等に注目し、その未来を（2100年という時点を導きの糸としつつ）展望するという内容のものである。

しかしながら他方、「2100年」という時点における世界や人間のありようを考えるとき、ある程度の正確さをもって「予測」できるものがある。

それはまず「人口」に関する予測である。

人口は、基本的には人々の寿命と出生率によって決まるものであり、特に前者はある程度の予測が可能であるだろう（もちろんこれも世界規模の紛争や大きな環境変動等といった予測困難な事象に左右されるが）。後者（出生率）はより予測が困難であり、実際、たとえば日本の年金制度が、少子化の進行を〝過小〟に予測していたために様々な矛盾を生んだといった話題は身近なものである。しかしそれでもなお、出生率の今後についての複数の「シナリオ」を設定すれば、そうしたシナリオないし仮定ごとの出生数を予測することは当然可能となる。また関連して、人口構造あるいは「高齢化」の度合いなどを推計することが可能となる。

こうした視点に立つとき、2100年に向けてほぼ確実に進行していくのは、「地球規模での少子化・高齢化の進展」という現象である。

たとえばアジアについて見ると、東アジアの多くの国々の合計特殊出生率（一人の女性が生涯に産む平均的な子どもの数）は日本よりも低いものとなっている（日本の一・四六〔二〇一五年〕に対し韓国一・二四〔一一年〕、台湾一・〇七〔同〕、香港一・二〇〔同〕、シンガポール一・二〇〔同〕といずれも日本より低い）。

また、膨大な人口がひたすら増加しているように見える中国も、（一人っ子政策の影響もあり）人口は二〇二五年頃に一三・九億人でピークに達し、以降は減少に移ると予測されている（国連「World Population Prospects」二〇一〇年版）。

そして世界全体では人口は徐々に増加が緩やかになり、二〇一一年に七〇億人に達した世界人口は2100年には一一二億人程度でほぼ安定することが予想されている（国連「World Population Prospects」二〇一五年改定版での中位推計。**図表1**参照）。二〇五〇年時点での人口推計が約九五億人なので、二一世紀後半はむしろ世界人口の成熟・定常期に入っていることになる。

ちなみに高齢化については、若干古い資料だが、二〇三〇年までに世界で増加する高齢者（六〇歳以上）のうち、その約三割（二九％）が中国の高齢者であ

図表1　世界人口の推移と予測

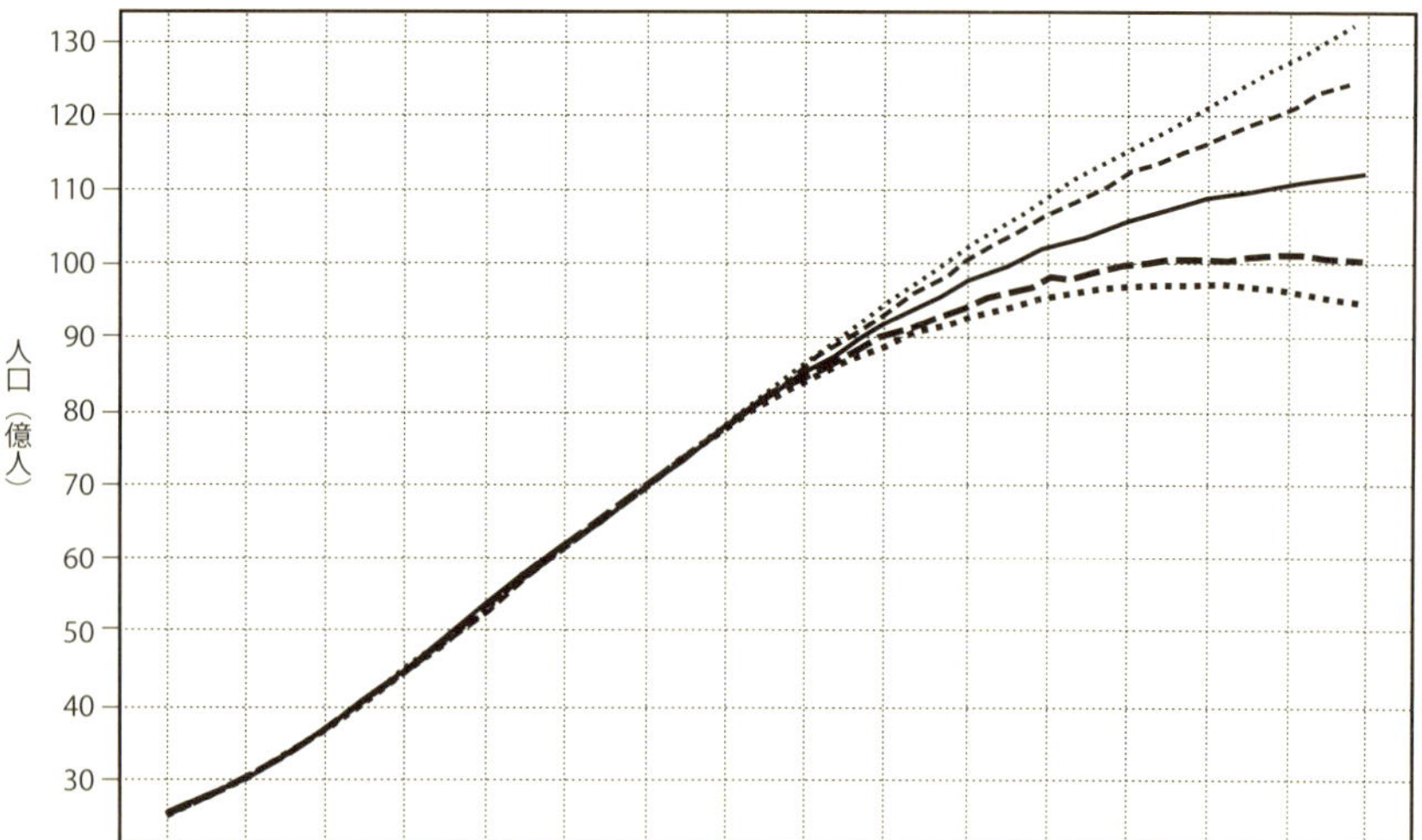

（注）将来予測（実線）は世界人口の中位推計で、各国の合計特殊出生率が今後概ね 2.0 に収れんすると仮定。
破線は 80%の確率での変動範囲、点線は 95%の確率での変動範囲を示す。
（出所）United Nations(2015), *World Population Prospects: the 2015 Revision*

り、同じく二九％が中国を除くアジアの高齢者であると推計されている（World Bank〔1994〕）。なお残りは「他の発展途上国」が二八％で、日本を含む先進諸国（ＯＥＣＤ加盟国）は一四％に過ぎない。

　つまり「高齢化」というと先進国に特有の現象のように考えられることが多いが、二一世紀はむしろ〝高齢化の地球的進行（global aging）〟が進んでいく時代なのであり、それは自ずと人口の成熟ないし減少を意味し、また「拡大・成長」という志向に対する態度においても社会のありように質的な変化をもたらしていくだろう。

　こうした点に関して人口学者のルッツは、「二〇世紀が人口増加の世紀――世界人口は一六億から六一億にまで増加した――だったとすれば、二一世紀は世界人口の増加の終焉と人口高齢化の世紀となるだろう」と述べている（Lutz, et al.〔2004〕）。これは「２１００年」というテーマを考えるにあたって一つの基本的な出発点になりうる認識だろう[1]。

　もちろん、以上のうち特に世界人口の推計に関しては、それは（たとえばアフリカの今後の人口動向等について）希望的観測を含むもので予断を許さないし、また工業化等に伴う一人当たりのエネルギー消費の増加を考えれば事態の困難性はさらに高まる。加えてその過程で予想される各種の資源の争奪戦や、地域間での格差あるいは分配の問題を考えれば、それは困難を極める状況であるだろう。

　しかしながら、二一世紀の後半まで視野に入れて考えた場合、私がこれまで「グローバル定常型社会」と呼んできた姿、つまり「二一世紀後半に向けて世界は、高齢化が高度に進み、人口や資源消費も均衡化するような、ある定常点に向かいつつあるし、またそうならなければ持続可能ではない」という認識ないし展望は、ある意味で不可避のものと言えるのである（広井〔2009〕参照）。

ReAFRICA？——「リオリエント」のさらに先へ

ところで、いま世界人口の将来推計について、それがアフリカの今後の人口動向等の予測によって大きく左右されるという点を指摘した。実際、数年おきに公表される国連の世界人口推計においても、２１００年の世界人口は近年では概して〝上方修正〟の傾向にある（たとえば国連が二〇〇三年に発表した推計〔World Population in 2300〕では、２１００年の世界人口予測は九〇・六億人で、先述の最近の予測より低めの値となっていた）。

私の理解では、この話題には次のような二つの異なる側面があるように思われる。一つは、いわゆるアフリカでの〝人口爆発〟、つまり海外からの医療技術の導入等により死亡率は一定の低下を見せるが出生率は依然として高止まりを見せるために人口が急増するという状況が、今後改善されて人口増加が落ち着いていくという側面である。

しかし他方で、次のような新たな側面もあるだろう。すなわちそれは、近年アフリカが〝資本主義の最後のフロンティア〟などと表現されたりするように、むしろ今後アフリカの「経済成長」が人口増加（ひいては資源・エネルギー消費）と一体となって加速化し、世界レベルの経済や人口の「拡大・成長」のセンターになっていくという構造変化である。

こうした把握は、私自身の中である程度観念的な理解としてはあったが、しかしそれはあまり具体的なイメージや実感を伴うものではなかった。しかし、一昨年（二〇一五年七月）に公表された国連の新たな世界人口推計、特にそこでの「二一〇〇年の世界人口の国別推計」の内容を見たとき、「アフリカ」の存在感についての新たなイメージが生まれたのである。

すなわち国連の同推計は、一方で２１００年の世界人口を一一二億と推計しつつ、その時点での国別の人口順位として**図表2**のような内容を示した。

これを見ると、人口の上位ベスト一〇のうち、アフリカの国々が半数の五か国を占めている（ナイジェリア、コンゴ、タンザニア、エチオピア、ニジェール）。ナイジェリアなどはインド、中国に次いで三位で、七・五億人弱という人口は中国ともさほど大きく違わない規模である。

人口の規模というのはあくまで一つの側面に過ぎないが、しかし２１００年の世界において、アフリカが（現在では想像しにくいような）大きな〝存在感〟を示すことになっているのは確かであり、私にとってこうした点は、これまでのアフリカ・イメージとは異なる、かなり新鮮な事実として感じられた。

背景を考えてみると、先ほど述べたように（ヨーロッパや日本に続いて）アジアや中南米が少子化・高齢化そして人口の成熟化・減少局面に入っていくのに若干遅れて、アフリカは二一世紀を通じて人口の成長期を経験していくのである。それは先ほどの〝資本主義の最後のフロンティア〟としてのアフリカという把握ともつながり、その結果が上記の内容（ベスト一〇のうち半数がアフリカ諸国）ということになるだろう。▼2

この点についてさらに想像力をたくましくすると、思えば今から約二〇万年前に私たちの祖先たるホモ・サピエンス（現生人類）が生まれたのは、他でもなくアフリカの地においてであった。それは狩猟採集を基本とするものであり、やがておよそ一万年前に農耕が（中東その他で）生まれ、さらに一六世紀前後から、農耕の不適地

図表2　2100年の世界人口の国別推計（億人）
上位10か国のうち5か国がアフリカ諸国

1	インド	16.6
2	中国	10.0
3	ナイジェリア	7.5
4	米国	4.5
5	コンゴ	3.9
6	パキスタン	3.6
7	インドネシア	3.1
8	タンザニア	3.0
9	エチオピア	2.4
10	ニジェール	2.1

（注）日本は30位（8300万人）
（出所）図表1と同。

たるイギリスにおいて工業化（プロト工業化と呼ばれる段階を含む）そして資本主義が生成し、地球上に広がっていったのである。

そうした（アフリカから遠く離れた場所で生まれた）資本主義や工業化等の波が、アジアや中南米を巻き込んでいった先のある種の終着点として、アフリカに再び回帰しようとしている。

それは、マルクス主義の系譜に属する「従属理論」の旗手であったアンドレ・G・フランクの著作『リオリエント（ReORIENT）』の議論――世界史の全体を通じて世界のセンターはほぼ一貫して中国などを中心とするアジアにあり、現在生じつつあるのはそこへの回帰現象であるという把握（フランク〔2000〕）――をさらに超えて、「リ・アフリカ（ReAFRICA）＝再びアフリカへ」とも呼びうる現象かもしれない。▼3

長期経済統計からの示唆

ちなみに「リオリエント」に関しては、**図表3**を見てほしい。これは、長期にわたる世界の経済統計を丹念に蓄積・分析してきたアンガス・マディソンのデータに基づくもので、一七〇〇年から二〇三〇年にかけての世界のＧＤＰの地域別内訳を示したものである（二〇三〇年分は推計）（Maddison〔2003〕）。

これを見ると、世界における経済的な「富」の分布に関する興味深い事実が浮かび上がってくる。すなわち一七〇〇年や一八二〇年という時点においては、中国やインドの経済規模が際立っており、両者を合わせると世界全体の富の半分弱を占めていたことがわかる。やがて「西欧」そしてアメリカの経済規模が飛躍的に拡大し――その主たる背景は自然資源の大規模開発を通じた工業化ないし産業化――、二〇世紀半ばには、逆に西欧とアメリカの経済規模の合計は世界全体の富の半分強を占めるに至る。

ところが二〇世紀の終盤頃から再び流れが逆転し、図にも示されているように、二〇三〇年の推計では中国とインドの富の合計は三割を超え、その後はさらに拡大することが予想される、という構図になって

図表3　世界のGDPの地域別内訳の推移（マディソン）（1700-2030年）

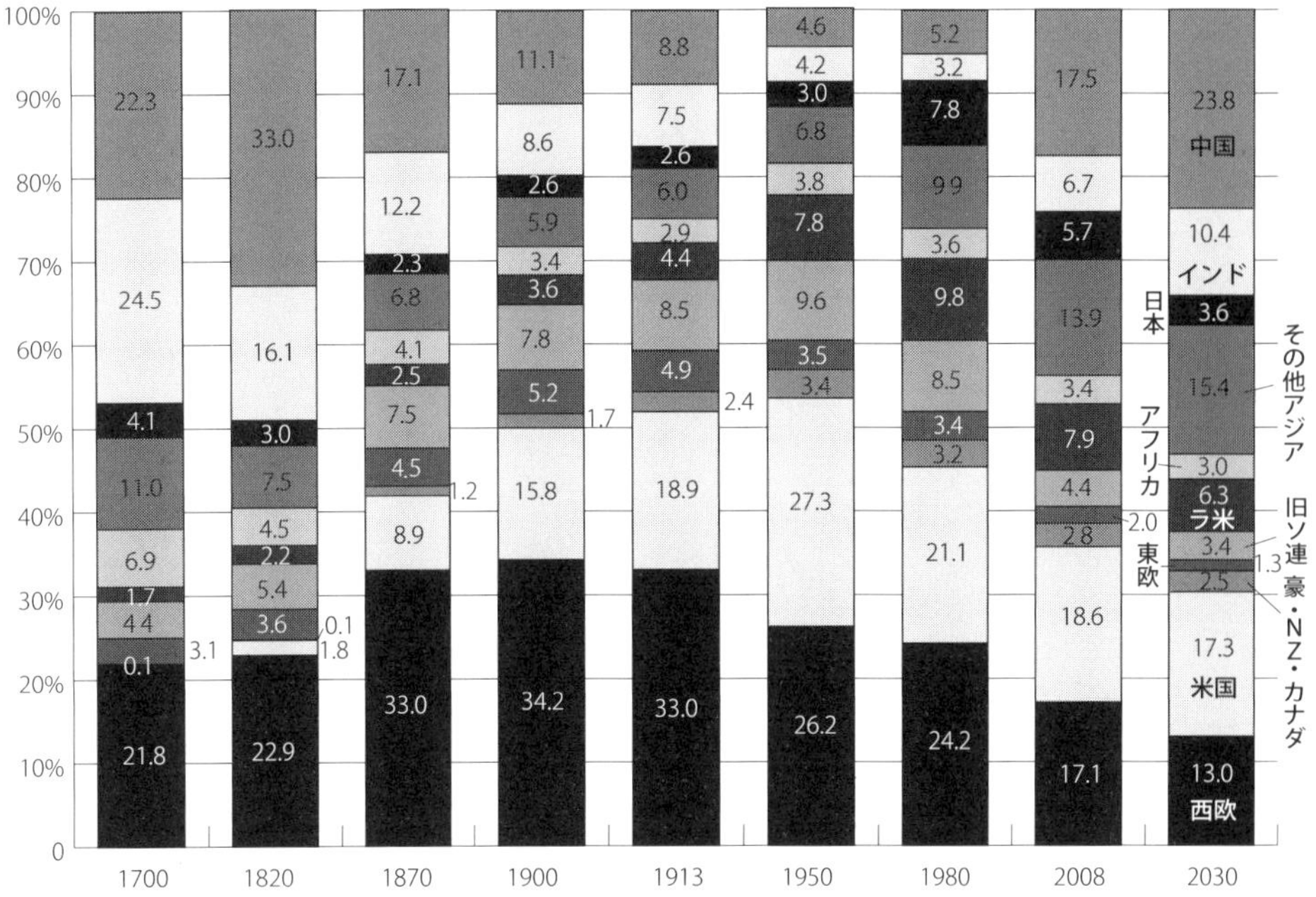

いるのである。

これは非常に印象深い事実と思われるが、ただしこうした構造変化は、少し距離を置いてみるならば、先ほども少しふれたように一六世紀前後にイギリスで生成した〝資本主義の波〟が中国やインドを含む地球上の他地域にも広がっていったという流れと重なっているので、それを「リオリエント（東洋への回帰）」というコンセプトで把握するのがはたして妥当かという疑問も生じるだろう。つまり「リオリエント」というよりも、単に資本主義の世界的浸透という現象ではないかということだ。

しかも上述のように、２１００年に向けてのさらにその先（二〇三〇年より先）の時代においては、一七〇〇年や一八二〇年においては全く小さな存在でしかなかった「アフリカ」が、人口においても経済規模においてもその比重や存在感を増していくという、従来なかった局面が展開していくことになるので、その意味でも「リオリエント」という把握は相対化される必要がある。
しかしいずれにしても、**図表3**のような長期の経済統計は、現在という時代を一歩外から眺め直し、2100年における世界の〝風景〟が、今のそれとはかなり異なったものであることへの想像力の手がかりになることは確かだろう。

2……私の時間と世界の時間

「私の過去」と「人類の過去」

世界における人口や経済規模の変遷といった比較的〝現実的〟な視点から、「2100年」を考える意味について述べてきたが、ここでいったん発想を転換して、以上とはかなり異なる角度から2100年、あるいは私たちにとっての未来や過去を考える意味について思考をめぐらしてみたい。それは私たち一人ひとりにとっての「生」や「死」の意味にも関わる内容である。

手がかりとして、谷川俊太郎の処女詩集『二十億光年の孤独』の冒頭を飾る、次のような詩を見てみよう。

生長

三歳
私に過去はなかった

五歳
私の過去は昨日まで
七歳
私の過去はちょんまげまで
十一歳
私の過去は恐竜まで
十四歳
私の過去は教科書どおり
十六歳
私は過去の無限をこわごわみつめ
十八歳
私は時の何たるかを知らない

考えてみると、この詩での私の「生長」に伴う「過去」の延長ないし拡大は、実は人類にとっての過去の延長を凝縮したかたちで反復したものとなっているとも言えるのではないか。

どういうことかと言うと、西欧にそくして見ると、一七世紀のアイルランドの大司教で、宗教対立の和解に努めたとされるアッシャー大司教は、旧約聖書に出てくる人物の年齢を合計して、宇宙創世の時期を紀元前四〇〇四年のことと算出したそうである（ホーキング〔一九九〇〕）。また、科学史家のロッシは、「フック（一六三五～一七〇三年）の時代、人類には六〇〇〇年の過去があったが、カント（一七二四～一八〇四年）の時代には、自分たちには何百万年もの過去があることがわかっていた」と書いている（グールド〔一九九〇〕）。

つまり、啓蒙主義の時代である一八世紀をへて、聖書の年代記にそくした「数千年」という規模の歴史観・宇宙観は一九世紀初め頃には考慮に値しないものとされるようになり、代わって数百万年という単位の歴史ないし時間が語られることになる（進化生物学者のグールドはこれを「悠久の時間《ディープ・タイム》」の発見と呼んだ）。こうした方向を実質的に担ったのは、化石や地質の研究をもとに地球の歴史を明らかにする地質学の展開であり、その大きな金字塔が、チャールズ・ライエルの大著『地質学原理』（一八三〇～三三年）であった。若きダーウィンがビーグル号の航海に乗り込んだとき携えたのも、ミルトンの抜粋とこの『地質学原理』だったとされる。

やがて一九世紀半ばには、物理学者のケルヴィンが熱力学の第二法則を基に「地球の年齢」をおよそ一億年と推計する（ダーウィンにとって、これは生物の多様な進化には短かすぎる時間であり、自然選択説にとっての障害と感じられたらしい）。「地球の年齢」はその後も論争の中心であったが、今世紀初頭には放射線が発見されて新たな推計法が可能となり、ケルヴィンの計算した地球の年齢は短かすぎることが明らかになり、それはさらに延長される。

このように人類全体にとっても、ちょうど先の谷川俊太郎の詩の「私」にとってのように、「過去」は次第に延長し拡大していったのである。そしてそれは、意外にごく最近のできごと――西欧にそくして見ればこの二〇〇〜三〇〇年程度、それを「知識」として輸入した日本人にとって見ればせいぜいこの一〇〇年あまりの出来事——と言えるのだ。

「過去の歴史」そして「時間」の意味

つまり現代の私たちは、ごく当然のこととして、人間が（「文明」の発生以降の）「有史」だけでも数千年の歴史をもち、また人類ということで見れば数万〜数十万年の、生命や地球ということで見れば数十億の歴史をもち、さらにその先に宇宙の歴史が、そしてそれらを貫くものとして「時間」そのものが〝無限の直線〟として存在している、という歴史観ないし時間観をもっている。それが（谷川俊太郎の詩にある）「教科書どおり」ということなのだろうが、こうした時間や宇宙の歴史についての意識は比較的最近のものであり、また必ずしも自明のものではない。

そして、谷川の詩の終わりの部分は「過去の無限をこわごわみつめ」（十六歳）、「時の何たるかを知らない」（十八歳）で終わっている。未来についても同様で、「2100年」のことを考えていけば、その延長に、では紀元三〇〇〇年はどうか、一万年後はどうか、そうした時代に人類はまだ生きているのか、生命や地球や宇宙はどうなるのか、といった問いも自ずと派生していくだろう。

実際、たとえば手塚治虫の『火の鳥』では、その「未来編」で「西暦三四〇四年」の地球が舞台になっており、しかも物語が展開していく中で、人類が一度滅び、やがて再び地球上で生命の誕生や進化が起こるといった、極限的に長期の時間が主題化されている（同時に、先ほどの「悠久の時間（ディープ・タイム）」とも通じるように思われるが、そうした時間の「量的」な長さの根底にある、時間の深層とも呼べるものが「宇宙的生命」といったコンセプトとともに意識されている）。

一方、目を転じると、デンマークなどで製作された『100,000年後の安全』（二〇〇九年）という映画がある（原題はInto Eternityで〝永遠へ〟）。これは、フィンランドでの原発からの放射性廃棄物の最終処分場の建設の様子を淡々としたタッチで映像化したドキュメンタリー作品で、邦題はそうした廃棄物が「一〇万年後」には安全になるという点に由来している。

裏返して言えば、一〇万年先の未来までリスクを伴うものを私たちは後世の人々に残しているわけであり、先ほど「紀元三〇〇〇年はどうか、一万年後はどうか」と記した際、そのような話題はあくまで〝観念的〟な議論に過ぎないと感じた読者がいるかもしれないが、しかし現在の私たちは、放射性廃棄物の安全性のように、現実的にも数万年後やそれ以上の未来あるいは将来世代に影響を及ぼすような経済活動を行なっているのであり、「２１００年」などはそのごく〝近未来〟の通過点に過ぎないとも言えるのだ。

3……「時間軸」の優位と拡大・成長

超長期の歴史把握――出発点としての一九世紀

以上、本稿の初めで２１００年への展望を主に世界人口をめぐる動向にそくして論じ、続いて谷川俊太郎の詩を手がかりに人間の過去や未来あるいは時間について考えることの意味を吟味したが、それでは実際に私たち人間は、歴史というものについてどのような把握を行なってきたのだろうか。ある意味でそれは、いわば「歴史の歴史」とも呼ぶべきテーマでもあるだろう。

一般に、一九世紀が〝歴史の世紀〟であったということが言われる。これは、一九世紀という時代が（先ほどの**図表3**のアンガス・マディソンの経済統計にも示されるように）ヨーロッパが「世界の中心」に躍り出て、その経済力・軍事力や科学技術力を背景とする世界制覇を進め、そうした状況と一体に世界全体が一つの方向に向かって〝進歩〟〝発展〟しているという認識が浸透し、それらの全体を通じて単線的ないし直線的な「歴史」の観念が定着していった、といった意味においてである。

そうした歴史像ないし世界観を先駆的に表現したものとして、ドイツの歴史家・哲学者ヘルダー（一七四四〜一八〇三）の一連の著作がある（『人類形成のための歴史哲学別案』〔一七七四年〕、『人類の歴史哲学考案』〔一七八四〜九一年〕等）。ヘルダーは、人間の歴史の各々の時代はそれぞれにかけがえのない固有の個性や価値をもつとしつつ、同時にそれを人間の一生のアナロジーで把握し、人類史の「幼年時代」「少年時代」「青年時代」「壮年時代」という捉え方を提案し、

・幼年時代：オリエント
・少年時代：エジプト
・青年時代：ギリシャ
・壮年時代：ローマ

という対比を行なう。

科学史家の伊東俊太郎が指摘するように（伊東〔1990〕）、これはドイツ・ロマン主義的な色彩を色濃く感じさせるような歴史像であると同時に、世界史を神の摂理の実現としてとらえるキリスト教的な世界観を背景にもつものでもある。しかもヘルダーは、こうした人間の歴史を、より長期の「宇宙―地球―生命―人間」の生成・展開という時間軸の中でとらえつつ、同時に「人間性の多様性と単一性」というテーマを主題化し、そこで地球上の諸民族の文化の多様性を生み出すものとしての「風土（Klima）」という、いわば空間軸に関するキーコンセプトをも提起している。これが和辻哲郎の『風土』に深い影響を及ぼしたことは言うまでもない。[▼4]

やや脱線して個人的な述懐を記すと、私は学生時代に和辻の同著作を読んだ時はほとんどその意義が理

解できなかったが、四〇代前後になって再読した際大いに感銘を受け、それは現代風に言えば「エコロジー的文化論」とも呼ぶべき先駆的な視点の著作であることを遅ればせながら痛感し、それ以降は毎年学部のゼミのテキストとして取り上げている。▼5

話をもとに戻すと、いま〝歴史の世紀〟の先駆者としてのヘルダーに言及したが、ここでの文脈でより興味深いのは、それが他でもなく（一九世紀をよりストレートに生きた）ヘーゲルそしてマルクスの歴史観に大きな影響を与えたという点だろう。

すなわち、まずヘーゲル（一七七〇〜一八三一年）にそくして言えば、彼の著作『歴史哲学講義』（一八三七年）において世界史は「世界精神」が究極目的たる「自由の理念」に向けて現実化していく過程として把握されるわけだが、そこでは次のような理解が示される。

（1）幼年期：東洋世界（中国、インド）
（2）少年期：ギリシャ世界（含ペルシア）
（3）青年期：ローマ世界
（4）壮年期：ゲルマン世界
（5）老年期

加えて、これらが各時代ないし民族の宗教の発展史と重ね合わせられ、「規準の宗教」（中国）→「空想の宗教」（インド）→「光の宗教」（ペルシア）→「美の宗教」（ギリシャ）→「目的性の宗教」（ローマ）という把握とともに、完成形態としてのゲルマン世界そしてキリスト教が位置づけられる。

言うまでもなく、これは明らかに先ほどのヘルダー的な歴史把握と同質のものだ。しかも、ヘ、ル、ダ、ー、にあったような地球上の各地域の「風土」的多様性という関心、言い換えれば「空間軸」は背景に退き、世界がただ一つの方向に沿って進むという「時間軸」がもっぱら前面に出るような世界観になっている。

このようにして、この時代（一九世紀）を通じてきわめて「単線的」で西欧中心的な歴史観が確立されていったのだが、もちろんそれは、先ほども指摘したように、この時期を中心に植民地支配を含むヨーロッパの世界制覇あるいは資本主義の世界的浸透が進み、また工業化ないし産業化という強力な推進力と資源開発が世界を〝一つの方向〟に向けて牽引していったという現実の構造変化と不可分のものだったのである。

そしてマルクスは、よく知られるように以上のようなヘーゲル的な歴史把握を（頭と身体あるいは精神と物質が）〝転倒〟しているものとし、それを唯物史観として再構築しようとしたわけだが、ある意味でそれは歴史における精神と物質の関係性を反転させるという点での再定義にとどまり、たとえば「アジア的→古典古代的→封建的→資本主義的」という生産様式の歴史的発展モデルを含め、単線的な発展史観そのものはかなりの程度維持されたと見ることもできるだろう。[6]

「近代世界システム」とヘゲモニー国家の交代

いまマルクスに言及したが、時代はかなり飛ぶが、マルクス的な世界把握に影響を受けつつ、他方でフェルナン・ブローデルなどに代表されるフランスのアナール派史学——歴史上の個別の事件に主眼を置いた政治史中心の歴史ではなく、社会史を含んだ時代の全体的な構造を重視する歴史把握——の視点を積極的に取り入れ、近代世界の構造を描こうとする試みとして、エマニュエル・ウォーラーステインの「世界システム」分析がある。[7]

基本的な確認を行なうと、ウォーラーステインの議論では、資本主義的な「世界—経済（world-economy）」が浸透する「近代世界システム」においては、そこに「中核（center）」と「周辺（periphery）」が存在し、中核にある地域や国家は（不等価交換と呼びうるメカニズムを通じて）周辺にある地域や国家を収奪することが可能になり、またそこに「覇権《ヘゲモニー》」が生まれる。

この場合、近代以降の世界における覇権《ヘゲモニー》国家の変遷ないしサイクルについては、国際政治学者モデルスキーらのものがすでにあったが——大きく言えば、一六世紀のスペイン→一七世紀のオランダ→一八・一九世紀のイギリス→二〇世紀のアメリカといった覇権の変遷——、ウォーラーステインの議論はこうした把握とも親和的なもので、それに独自の理論的な基礎付けを与える意味ももっていた。[8]

ここで覇権国家についてのウォーラーステインの記述を見ると、ヘゲモニーの持続性について彼自身はかなり懐疑的な理解をしている。たとえばウォーラーステインは次のように述べている。

> ではなぜ覇権《ヘゲモニー》は永続しないのか。生産における独占に準ずる状況と同様、絶対権力に準ずる状況としての覇権もまた自己解体するのである。覇権大国となるためには、覇権の役割を果たす基礎となる生産の効率性を向上させることに集中することが、決定的に重要である。ところが、覇権を維持するためには、その覇権国家は、政治的および軍事的役割——いずれも高くつき、消耗が激しい——に資力を分散しなければならない。遅かれ早かれ——通常は早いが——他の国家が、当該の覇権国家の優位を相当に減殺し、最終的に消耗させてしまうところにまで、その経済的効率性を向上させるようになる。それにともなって覇権国家の政治的な力も失われてくる。すると、その覇権国家は、軍事力の行使（単なる脅しではなく、実際の行使）に踏み切らなくてはならなくなる。そしてその軍事力の行使は、単に覇権の弱体化の最初の兆候であるばかりでなく、さらなる衰退の原因にもなる。（ウォーラーステイン〔2006〕）

以上のような指摘を踏まえつつ、ウォーラーステインは「覇権《ヘゲモニー》は〔近代世界システムにとって〕決定的に重要な意味をもち、反復され、つねに相対的に短命なのである」と総括している（前掲書）。

覇権《ヘゲモニー》国家に関する以上のようなウォーラーステインの議論から、読者はどのようなことを想起するだろうか。多くの人がまず思うのは、現在の世界における、少なくとも相対的には明らかな覇権国家たるアメリカの今後と、〝次の覇権国家〟はどこかという素朴な問いであり、また後者の最有力候補（の一つ）である中国の今後であるだろう。実際、上記のウォーラーステインの文章には「他の国家が、当該の覇権国家の優位を相当に減殺し、最終的に消耗させてしまうところにまで、その経済的効率性を向上させるようになる」といった記述があるが、ここで中国のことを連想した読者――その可能性の存否自体を含めて――もいるだろう。

同時にまた、こうした議論は、先ほどマディソンの長期経済統計にそくして論じた話題――中国やインドの経済規模の比重の拡大（しかもそれが全く新規な現象ではなく、むしろかつての時代への〝回帰〟としての意味ももつこと）――ともつながることになる。

覇権国家あるいは近代世界システム自体の終焉？

しかし、ここで提起したい議論のポイントはさらにその先にある。すなわち、そうした把握の枠組みそのもの、つまり世界において覇権国家が存在し、それが一定期間ごとにサイクルのように順次後退していくという枠組み自体が、２１００年までを視野に入れると終焉していくことになるのではないかという問いである。

言い換えれば、ウォーラーステインが「近代世界システム」と呼んだシステムそのものが根本的に変容していくのが、私たちが生きていく2100年までの時代ではないかという話題である。

実はこうしたテーマを先駆的に提起していた著作の一つが、国際政治学者の田中明彦氏の『新しい中世』であり、本書の第Ⅰ部冒頭の対談はそうした話題と今後の展望に関するものである。

加えてこの場合、田中氏の「新しい中世」論のポイントの一つは、「国家」が中心的なアクターとなっていった近代世界システムに代わって、これからの時代は主体が多元化し、ちょうど中世において教会やギルド、都市国家など多様な主体が幅広い活動を行なっていたのと同様に、NGO・NPOや企業など様々な非国家的主体が存在感を増し活躍するようになるという点にある。

ここで、そもそもなぜ世界が「新しい中世」に向かい、またそこでの主体が多元化していくかの背景ないし根拠を考えてみたい。

それは一六～一七世紀から続いた「市場経済プラス拡大・成長」としての資本主義システムが、成熟化ないし定常化する時期を迎えつつあるからに他ならない。つまり、いわば拡大・成長の〝急な坂道〟を上る時代には、社会全体のいわば求心力が強まり、国家を中心とした集権的かつ一元的なベクトルのもとで社会が動いていく。しかしそうしたベクトルが後退する定常化の時代には、国家への求心力は弱まり、活動主体も多元的になって、さらに地球上の各地域も一つの方向に向かうのではなく、むしろ多様化していく。

それは先ほどのヘーゲル的な単線発展史観とはまったく異質のものであり、その違いを生むのは、急速な産業化（工業化）というヘーゲルの生きた時代と、一六世紀からの市場化・産業化・金融化という〝拡大・成長〟をへた後の成熟・定常化の時代という、経済社会構造の根本的な変化ないし相違であるだろう。歴史観もまた、経済社会を含むその時代の環境要因に規定されているのだ。

そしてこれは「脱成長」をめぐる本書の第Ⅱ部の内容とも関わってくる。本稿の初めで述べた世界人口の定常化や世界規模での少子・高齢化の進行ともつながるが、地球社会のゆくえに関する、〝限りない拡大・成長〟に代わるビジョンを共有していくことが重要であり、また世界の中で人口減少社会にいちはやく移行した日本は、そうした定常型社会のビジョンこそ率先して追求し実現していくべき立ち位置にあるのではないだろうか。

4……定常経済論の系譜と背景

環境あるいは成長／脱成長をめぐる議論

ここまでの議論の流れを確認すると、〝歴史の世紀〟としての一九世紀前後における歴史観から出発して、（超）長期の時間軸におよぶ歴史把握のいくつかの系譜を見る中で、脱成長や定常化に関する話題に至ったのだが、実際のところ、人間の歴史のそうした超長期の展望に大きな関心を向けてきたのは、「環境」（あるいは資源）に関する議論の系譜だった。このテーマは本書の主題である「２１００年」とも深く関連してくる。

ここで多くの人が想起するのは、一九七二年に出版され、（翌年に起こったオイルショックをある意味で予言するとともに）地球資源の「有限性」ということを初めて正面から提起し、「世界モデル」と呼ばれる精緻なコンピューター・シミュレーションとともに多方面に大きな影響を与えたローマ・クラブの報告書『成長の限界（Limits to Growth）』だろう（メドウズ他〔1972〕）。

同書は、その後二度にわたって実質的なアップデイト版が出ているが、同書の主要な著者の一人であったドネラ・H・メドウズらがまとめた最近のバージョン（メドウズ他〔2005〕）によれば、人間が現在と同じような経済活動を続けた場合、主に再生不能な資源のコストの急騰から二〇三〇年頃にある種の破局が訪れる。それを回避するために、

（a）技術（汚染除去・土地収穫率・土地浸食軽減及び資源利用に関する技術進歩）

（b）人口（人口増加の抑制〔二〇〇二年からすべての夫婦の子どもの数を二人以内に制限すると仮定〕）

（c）消費（一人当たりの工業生産を二〇〇〇年の世界平均より約一〇%高めに設定〔＝発展途上国にとっては相当な改善、先進諸国にとっては消費パターンの大きな変化〕）

という三つの面での対応を行なった場合、はじめて地球は二一世紀後半にある種の均衡状態に達し、世界人口は八〇億人弱で安定し、以降一人当たりの資源消費や生活の豊かさも安定するという内容となっている。

このようなシミュレーションや議論の枠組み設定は、著者ら自身も強調しているように多くの単純化や条件設定に基づくものであり、様々な留保をもって受け止められるべきものだが、私たちの認識や行動のベースとなる、世界や地球の現状と将来についての太い線での素描を得るにあたっての貴重な試みであることは言うまでもない。[9]

そして、ここで確認したいのは次の点にある。それは、たしかに『成長の限界』は地球資源の有限性というテーマに関する画期的な著作であったことは間違いないが、しかしそうした「成長の限界」論、裏返して言えば「定常経済」論はローマ・クラブのものが厳密な意味で最初だったのではなく、既に先行する議論があり、同時に最近の新バージョンも存在し、それらの全体をいわば〝「定常経済論」の系譜〟として把握し、かつそれらが生まれた背景構造に遡ってとらえることが重要ではないかという点だ。

まず先行者という意味では、読者の中ですでにご存じの方もいるかと思うが、工業化ないし産業化の駆動力が加速化しつつあった一九世紀の半ばに、「定常経済論」の源流ともいえるジョン・ステュワート・

ミルの「定常状態」論が出されている。[10]
すなわち、ミルは著書『経済学原理』（一八四八年）――この著作はアダム・スミス以来の古典派経済学を集大成した書物とされている――の中で、人間の経済はやがて成長を終え定常状態（stationary state）に達すると論じた。現代の私たちにとって興味深いのは、人々はむしろそこ（定常状態に達した社会）において、真の豊かさや幸福を得るというポジティブなイメージをミルが提起していた点だ。ちなみにいみじくも、ドイツの生物学者ヘッケルが「エコロジー」という言葉を作ったのも比較的近い時代（一八六六年）である。

それでは現代にも通じるようなこうした論が、なぜこの時代に現われたのだろうか。基本的な背景として、産業化ないし工業化が本格的に始動していたとは言え、当時はなお経済全体に占める農業の比重が大きく、ミルの議論も（一国内の）「土地の有限性」を意識したものだった。つまり経済は成長しても、やがて土地――「自然」と言い換えてもよい――の有限性にぶつかり、定常化に至るという発想ないし論理である。

しかし現実には、やがて工業化がさらに加速し農業から工業へと経済構造がシフトすることに加え、植民地拡大を通じた自然資源の収奪が本格化する中で、ミルの定常状態論は経済学の主流から忘れられていくことになった。経済あるいは資本主義が「土地」の制約から〝離陸〟していったとも言え、並行して、人間の経済は（あたかも無限の空間の中で）需要と供給の関係を通じて均衡するという新古典派経済学が台頭し（一八七〇年代）、その意味でもミルの議論は古典派の遺物となった。

このように見ていくと、それから一〇〇年以上をへて、ミルの定常状態論の問題設定に人類が（一国レベルではなく）地球レベルで直面していることを指摘したのがローマ・クラブの『成長の限界』だったと言えるだろう。加えて『成長の限界』が出された一九七〇年代は、オイルショックも起こり、先進諸国の工業化がある種の飽和や資源的制約に直面していた時期であり、平行して「GDPに代わる指標」に関する議論も生起するなど、最近の脱成長論等と一部類似した動きが浮上した時代でもあった。

　以上を俯瞰的な視点でとらえると、近代社会あるいは一六～一七世紀以降の資本主義システムにおける「拡大・成長」の大きなベクトル――私自身はそれをさらに、人類の歴史全体の中での三度にわたる拡大・成長と定常化のサイクルにおける第三の局面としてとらえている――の中において、いま述べた人類史のレベルよりはもう一段下位のレベルでの拡大・成長と成熟のサイクルが存在し、その段階ごとに異なる形の「定常経済論」が生成してきたととらえることが可能だろう。つまり、ごく大づかみな把握となるが、

（1）「市場化」局面の成熟化：「工業化」の本格化への移行期――ミルの「定常状態」論（一八四八年）
（2）「工業化」局面の成熟化：「情報化・金融化」の本格化への移行期――ローマ・クラブの『成長の限界』（一九七二年）論（及び一九七〇年代の関連の議論）
（3）「情報化・金融化」局面の成熟化――近年（二〇〇〇年代）の「脱成長」論

という理解が成り立ちうると思われる。これが〝「定常経済論」の系譜〟あるいはその歴史的諸段階と呼びうるものである。

　この場合、最後の（3）は象徴的には二〇〇八年のリーマン・ショックなどに示されるものだが、それはなお現在進行中の事態でもある。またそこでの「脱成長」論は、本書にも論考が掲載されているフランスの思想家セルジュ・ラトゥーシュなどのもののほか（ラトゥーシュ〔2010〕）、しばしば話題となるブータンの「GNH（gross national happiness）」をはじめとする様々な幸福度指標をめぐる展開があり、他方、フランスのサルコジ大統領（当時）の委託を受けてノーベル経済学賞を受賞したスティグリッツや

センといった経済学者が「GDPに代わる指標」に関する報告書を刊行するなど（Stiglitz, et al.〔2010〕）、「豊かさ」の指標に関する見直しの動きが多様な形で活発化している状況とも関わるものである。

5……超長期の歴史把握の構造

数千年の時間軸と比較文明

「2100年」という本書全体のテーマを受けて、本稿では「超長期」の歴史把握という観点からこれまでの様々な議論を追ってきており、環境をめぐる議論の系譜にまで至った。

紙面の都合もあり、以下の議論はごく簡潔な論点の指摘にとどめることになるが、思えばここまでに取り上げてきたマルクス、ウォーラーステイン、環境関連の議論は、主として人間の歴史の中での近代社会以降に関するものであり、時間軸としては主に「数十年~数百年」のタイムスケールのものだったと言える[11]。

しかしながら、歴史や時間の軸はそうした範囲にとどまるものではなく、先ほど谷川俊太郎の詩（「生長」）にそくして論じたように、それは数万年、数億年（~永遠）という範囲にわたるものであり、またその時間軸の射程に応じて、人間のみならず、生命、地球、宇宙という領域に自ずと及ぶものである。

そうした視点で考える時、「超長期の歴史把握」の議論や探究の系譜には、そのタイムスケールの射程に応じて少なくとも以下のようなものがあると言えるだろう。

すなわち、「数千年」の時間軸に関するものとしては、まずいわゆる「文明論」あるいは「比較文明論」と呼びうる議論の系譜があり、その嚆矢の一つはよく知られたシュペングラーの『西洋の没落』

（一九一八年）や、その影響を受けているトインビーの『歴史の研究』（一九三四～五八年）といった著作群である。[12]

この場合、数千年という時間軸をとると、自ずと近代あるいはそこでのヨーロッパの勃興は大きな歴史の流れの中で「相対化」されることになる。そしてこうした文明論に関しては、梅棹忠夫の『文明の生態史観』（一九六七年）や伊東俊太郎の『比較文明』（一九八五年）など、日本において、西欧文明を相対化しつつ、アジア諸地域やイスラム圏等にも幅広く目を配った豊かな議論の系譜があると思われる。

ちなみに私自身は、こうした比較文明論的な作品群のうち、村上泰亮の『文明の多系史観――世界史再解釈の試み』（一九九八年）はあらためてその価値が評価されるべき作品と思っている。村上は特に「農業文明・後期」というコンセプトを提起し、近代ヨーロッパが〝停滞〟と見た中国やインド社会を新たな視点でとらえ返すのだが、次のような一節は現在においてこそ光を放つものではないだろうか。

> そもそも人間には、能動的に突破を求める性向と、受動的に調和を求める性向との二つの面があるだろう。たとえば、有史宗教の中でも、キリスト教は前者を潜在的に含み、ヒンヅー教・仏教・儒教などの東方型宗教は後者を明示的に体系化している。……農業社会段階の前半期は一様な進歩のテーマが主導しており、そして現在までの産業社会段階前半期のライトモチーフも、明らかに進歩であった。しかし、それらの間に挟まれた農業社会後半期のモチーフは、多様性と恒常性ではなかったろうか。農業社会段階の資源・技術のパラダイムがある程度限界に達したとき、人類の関心は「生産」の拡大から「文化」の深化に向かったのではなかったろうか。もしもこの捉え方が正しいとすれば、東方型有史宗教に基づく中国やインドの文明は、まさしく農業社会段階後半期の主役として再評価されることになるだろう。（村上［1998］、強調引用者）

「進歩」や「拡大・成長」に中心的な価値を置く近代西欧文明は、そうでない中国やインドの社会（ひいてはアフリカなどを含む、地球上の非西欧文明のほぼすべて）のありようを「停滞」と呼んで低く評価した。しかし視点を変えて見るならば、「停滞」と「定常」はほとんど表裏の概念だろう。「変化しないもの」を直ちにすべて悪あるいは〝望ましくない〟と評価する根拠は本来どこにもないはずである。[13]

比較文明論的なアプローチが私たちにとって現代的な意味をもつのは、まさにこうした視座の転換あるいは多元化においてではないだろうか。

ちなみに、近年「グローバル・ヒストリー」と呼ばれる分野が台頭しているが、これは狭義の歴史学の領域を超えた、自然科学系をも含む学際的な分野であり、特にヨーロッパの相対化という点や、人間を取り囲む自然環境・風土への注目といった点で上記の文明論的な議論の関心ともつながるものと言える（コンパクトな概観として水島〔2010〕参照）。さらに、いわゆる「環境史（environmental history）」と呼ばれる、環境そのものの歴史そして環境と人間の相互作用に注目する分野の研究も活発になっているが、テーマの性格からも、その関心は自ずと数千年ひいてはさらに長い時間軸に及ぶものである（たとえばポンティング〔1994〕、石・安田・湯浅〔2001〕など）。

数千年～数万年の時間軸──「心のビッグバン」と枢軸時代／精神革命

以上は主として「数千年」の射程に関するものだが、さらにそれを「数千年～数万年」の時間軸に広げると、そこに開けてくるのは次のような新たな歴史の風景である。

すなわち、現在の私たちの祖先たるホモ・サピエンスがおよそ二〇万年前にアフリカで生まれ、地球上に拡散しつつそこで様々な社会を形成し、また狩猟・採集から農耕、やがて工業化という途をたどってくるとともに、そこで様々な観念や宗教や文化等々を生み出してきた展開であり、これは分野的には人類学、考古学、進化生物学（生物人類学）等に関わり、文理融合的であると同時に自然科学的な色彩が相対的に強くなってくる。

しかしここで、再び私自身の関心に引き寄せて言えば、こうした文脈で特に興味深いと思われるのは、たとえば近年の人類学等において「心のビッグバン（または精神のビッグバン、文化のビッグバン）」と呼ばれている現象[14]や、ドイツの哲学者ヤスパースが「枢軸時代」と呼び、科学史家の伊東俊太郎が「精神革命」と呼んだ現象――およそ紀元前五世紀頃の時期に、インドでの仏教、中国での儒教や老荘思想、ギリシャでの哲学、中東での旧約思想といった、現在に続く普遍的な思想が同時多発的に生まれた現象――が、環境や経済社会を含むどのような状況のもとで生成したかといった、思想や観念と人間を取り巻く環境・社会とのダイナミックな相互作用である（以上に関して内田〔2007〕、海部〔2005〕、クライン他〔2004〕、ミズン〔1998〕参照）。

私自身は、このように

（1）それまで存在しなかった〝内的世界（ないし内的宇宙）〟――「心のビッグバン」の場合

（2）慈悲、空、徳、愛、等々といった全く新しい観念――枢軸時代／精神革命の場合

が生まれたのは、いわば「物質的生産の量的拡大から文化的・精神的発展へ」と呼ぶべき構造変化を背景にするものであり、つまり「心のビッグバン」そして枢軸時代の精神革命は、それぞれ狩猟採集社会および農耕社会が拡大・成長段階から成熟・定常化の段階に移行する、まさにその移行期に生じたのではないかと考えている。[15]

そして「2100年」という時代への道程は、ここ三〇〇~四〇〇年続いた近代以降の拡大・成長の

時代が（この総論の初めでふれた高齢化の地球的進行や世界人口の定常化とともに）成熟段階に移行していくプロセスに他ならず、したがって、「心のビッグバン」や「枢軸時代／精神革命」に匹敵するような、新たな観念や思想や意識が生成する時代と考えても何ら不自然ではないのである（以上の話題について広井〔2011〕、同〔2015〕参照）。

数億年の時間軸そして永遠・時間

いま「数千年～数万年」の射程について述べたが、さらにそれを「数億年」の時間軸にまで広げると、そこに見えてくるのは人間の歴史というより、むしろ「生命史」、「地球史」、「宇宙史」と呼びうる、生命や地球や宇宙の生成と展開に関わる領域であり、自ずと自然科学的な色彩が強くなってくる。

しかし興味深いのは、これらの話題をめぐる近年の自然科学分野の研究や議論が、生命論にしても地球論にしても宇宙論にしても、（少なくともその原理的な次元においては）いずれもきわめて哲学的な性格を強めていることであり、希望をこめて言えば、そこに新たな文理融合的な探究のクロス・オーバーが生じている点である▼[16]。

たとえば生命科学の領域では、近代科学的な単純な機械論に代わって、生命の内発性や自己組織性といった点を重視するようなアプローチが徐々に強まっており――臨床的なレベルでは再生医学などもある意味でそうした側面を有するとも言える――、たとえばこれが化学現象の自己組織性や秩序形成に関する議論（ノーベル化学賞を受賞したベルギーの化学者プリゴジンの「混沌からの秩序」に関する議論など）と結び付くと、非生命と生命を貫く、「内発的な自然」とも呼びうるような新たな自然像が浮上することになる。

こうした点を、エントロピー増大則（自然は放っておけば乱雑さが増す方向に向かうという把握）に反する「秩序形成」としてとらえれば、生命が誕生する以前の地球そのものの中に、そうした秩序形成のメカニズムがすでに備わっており、実は私たちが通常言う意味での「生命」的な働きは、地球自体の中に存在していると言った新たな見方が立ち上がることになる。[17]

さらに「宇宙」に視野を広げると、ここではふれるだけにとどめるが、宇宙の「無からの生成」に関する議論が（従来からのビッグバンなどの議論にも増して）近年では活発になり、しばらく前からの「人間原理（＝単純化して言えば宇宙が存在するのは人間が存在するからだという考え方）」や「マルチバース」（＝私たちが生きる宇宙は唯一の宇宙ではなく無数に存在する宇宙の一つにすぎないという理解）の議論とともに、「存在」や「無」そのものの意味をめぐる話題が前面に出るようになっている（たとえば松原（2015）、クラウス（2013）参照）。これは、以前からも指摘されることのあった、現代的な文脈での「宗教と科学の対話」の具体化という性格ももっているだろう。

そして最後に、そのように時間軸の射程を、数十年→数百年→数千年→数万年→数億年→……と伸ばしていけば、それは「永遠」（あるいは無限）というテーマに行き着き、さらにはそもそも「時間」とは何かという話題に到達することになる。

ここに来て、私たちはある意味で再び谷川俊太郎の「生長」の詩に立ち還ったことになる。[18]

＊

「2100年」という本書のテーマからすれば、あまりにも遠い地点まで議論を進めすぎただろうか。しかしながら近年において、たとえば「ビッグ・ヒストリー」と呼ばれる新たな探究分野、つまり人間の歴史を生命、地球そして宇宙全体の大きな時間の流れの中でとらえ返そうとする文理融合的な探究の試みが発展しているのは、[19]そのような文字通り「超長期」の時間座標の中で物事をとらえ考えていかなければ、真の意味で「未来」を展望できないというほどの、根本的な歴史の分岐点に私たちが立っているからではないだろうか。

２１００年について考えることは、そうした超長期の歴史、ひいては時間の「深さ」について思考をめぐらす契機でもあるのだ。

▼1　このような話題を考えていくと、「この一、二世紀の間に世界人口は急増したのだとすれば、実は現在地球上で生きている人間の数は、これまで地球上に存在したすべての人間の数の総和に対して、かなりの割合を占めるのではないか？」という興味深い疑問が生まれる。幸い私はこれに対しての答え（推計値）を示している本に最近出会った。それは、小林憲正著『宇宙からみた生命史』で、これまで地球上に存在した現生人類（ホモ・サピエンス）の総数は一二〇〇億人で、現在の地球人口七〇億人はその約六％（一七分の一）ということになり、現在の地球にいかに多くの人類がいるかを示している（小林〔2016〕）。

▼2　ジャレド・ダイアモンドは『銃・病原菌・鉄』でのアフリカに関する章の中で、次のように述べている。「アフリカには栽培化や家畜化可能な野生祖先種があまり生息していなかった。食料の生産に適した土地があまりなかった」。「食料生産に適した土地の問題にしても、アフリカ大陸の総面積はユーラシア大陸のおよそ半分しかない。しかも、紀元前一〇〇〇年以前に農耕民や牧畜民が居住していたのは、ユーラシア大陸の半分の広さしかないアフリカ大陸の約三分の一を占めるにすぎない、赤道以北のサヘル地域であった。今日、ユーラシア大陸には四〇億の人びとが暮らしている。これに対して、アフリカの総人口は七億人に満たない」（ダイアモンド、下〔2000〕）。このような状況からすれば、農業では不作地の多いアフリカが、逆に工業化（ひいては情報化）でそうした限界を逆に〝突破〟し、資本主義の最後のフロンティアとなっていくという発想は確かに成り立ちうる面をもっている（農業についても、アメリカがそうであるように完全に〝工業化された農業〟を導入していくことも不可能ではないだろう）。しかし逆に言えば、この後で指摘し議論するように、それは（わざわざ農耕ないし食料生産を始めずとも）狩猟採集で十分な「豊かさ」を実現しうるような社会に、強引に狩

猟採集↓農耕↓工業化↓ポスト工業化という直線的な「発展」の道を押し付けるということでもあるだろう。

▼3 異なる文脈ではあるが、アフリカについては吉本隆明が『アフリカ的段階について』において（後にふれるヘーゲルの歴史観とも対比させつつ）興味深い議論を展開している。この中で吉本は「わたしたちは現在、内在の精神世界として人類の母型を、どこまで深層へ掘り下げられるかを問われている。それが世界史の未来を考察するのと同じ方法でありうるとき、はじめて歴史という概念が現在でも哲学として成り立ちうるといえる」と述べているが（吉本（二〇〇六））、この言明は本書の関心とも通底する。なおアフリカにおける自然観や信仰についてはキャリコット（二〇〇九）も示唆に富む。

▼4 なお伊東俊太郎は、ヘルダーの歴史論の明らかな先駆としてフランス啓蒙主義時代のヴォルテール（一六九四～一七七八年）の議論（著作として『諸民族の習俗と精神についての試論』（一七五六年）、『歴史哲学』（一七五六年））を挙げ、中国、インド、ペルシア、アラビアなど「ヨーロッパ以外の諸文明にも公平に眼をくばった最初の文明史を書き上げた」と評価するとともに、さらに古代及び中世におけるそうした歴史把握の先行者としてヘロドトスとイブン＝ハルドゥーンを挙げている。伊東（1990）参照。

▼5 ちなみに和辻は『風土』の中でヘルダーの風土論を時代画期的なものとして評価しているが、それにはたとえば次のような印象的な一節がある。「ヘルデルは、全世界を荒らし回っているヨーロッパ人に警告する。ヨーロッパ人の「幸福」の観念をもって他の国土の住民の幸福を量ってはならない。ヨーロッパ人は幸福という点において決してもっとも進歩しているもの、あるいは模範となるべきものではない。ただヨーロッパ特有の一つの類型を示しているに過ぎないのである。世界の各地方には、人道の見地からして決してヨーロッパに劣らない幸福が、それぞれの土地の姿に応じて存している。すなわち幸福は風土的なのである。」（強調原著者。和辻（1979））。このヘルダー（および和辻）の議論は、近年活発な「幸福研究」との関連を含めて、きわめて現代的な意味をもった指摘だろう。

▼6 マルクスの唯物史観と生態史観ないしエコロジーとの関連について、廣松（1991）を参照。

▼7 ウォーラーステインは、世界システム分析の基本概念たる「近代世界システム（modern world sys-tem）」について、「この概念は、ブローデルが、地中海について書いた著作のなかで用いた言葉遣いから採って、それ

にＥＣＬＡの中核／周辺分析を組み合わせたものである」と述べている（ウォーラーステイン〔2006〕）。ＥＣＬＡとは国連ラテンアメリカ経済委員会のことで、経済学者ラウル・プレビッシュとその共同研究者たちが同委員会において一九五〇～六〇年代前後に提唱し、またマルクス主義の系譜に属する「従属理論」の中で展開されたのがこうした中核／周辺（ないし中心／周縁）概念等を軸とする世界把握だった。

▼8　ウォーラーステイン自身はヘゲモニー国家の変遷についてたとえば以下のように述べている。「三つの大国が、相対的に短い期間においてではあるが、覇権（ヘゲモニー）を獲得している。第一の例は、一七世紀半ばの連合州（現在のオランダ）である。第二の例は一九世紀半ばの連合王国（イギリス）である。第三の例は二〇世紀半ばのアメリカ合衆国である」（ウォーラーステイン〔2006〕。同〔1991〕も同旨）。

▼9　『成長の限界』は、近年様々な形で議論されている「幸福」をめぐるテーマにも何か所かで言及していることにも注目したい。たとえば同書はアリストテレスの次のような一節を紹介している。「大部分の人々は、幸福であるためには国は大きくなければならないと考えている。しかし、たとえ彼らが正しいとしても、大きな国とは何か、小さい国とは何かを知ってはいない。……植物や動物、道具といった他のものに限界があるように、国の大きさにも限界がある」。『老子』の「小国寡民」を連想させる一節でもあり、また当時のギリシャにおいて森林の破壊等が進行していたという、最近の環境史の知見を連想させる一節でもある。

▼10　実はローマ・クラブの『成長の限界』の中でもミルの議論は紹介されている。同書は「成長のない人間社会の状態といった種類のものを提案したのは、けっしてわれわれが有史以来最初の人間ではない。多数の哲学者、経済学者、生物学者などがそのような状態を論じ、多くの異なった意味を込めて、多くの異なった名でそのような状態を呼んだ」としつつ、プラトン、アリストテレス、ミル、ボウルディング、デイリー等の名前を挙げてその議論の一部を紹介している。

▼11　すでにふれた『リオリエント』の著者でもあるフランクは、『世界システム――五〇〇年か五〇〇〇年か』と題する共著書の中で、中心―周辺構造をもつ「世界システム」は少なくとも五〇〇〇年の歴史をもつものであり、近代ないしこの五〇〇年のみを取り出して論じる意味は小さいと論じている（Frank and Gills（eds）1993)）。

▼12 こうした比較文明論ないし比較文化論の系譜については伊東（1990）が包括的なレビューを行なっている。
▼13 加えて、先ほどの村上の指摘や次項でふれる「心のビッグバン」および枢軸時代／精神革命をめぐる話題ともつながるが、定常期にこそ文化や精神面での豊かな発展や成熟、深耕がなされるという点も重視したい。広井（2011）、同（2015）参照。
▼14 ホモ・サピエンスの誕生から一定のタイムラグの後、今から約五万年前に装飾品あるいは絵画や彫刻などの芸術作品のようなものが一気に生成した現象。「心のビッグバン」に関しては内田（2007）、海部（2005）、クライン他（2004）、ミズン（1998）参照。
▼15 たとえば近年における環境史の分野での諸研究から、枢軸時代あるいは精神革命の時代においては、ギリシャや中国等で森林の枯渇や土壌の浸食が深刻化しており、農業文明がある種の資源的・環境的限界に直面しつつあったことが明らかにされている（石・安田・湯浅〔2001〕等）。
なお農耕そのものの起源については、この総論の第1節のアフリカに関する議論でふれたように、また近年の人類学等が明らかにしてきているように、狩猟採集では十分に食料を得られないような地球上の地域にまで人類が広がっていく中で開始されたという理解が基本になるだろう。具体的には南西アジア（メソポタミア）〔小麦等〕、中国〔米等〕、中央アメリカ〔トウモロコシ等〕等で独立に開始され、派生的にインダス川流域やエジプトでもスタートした。そしてこの延長線上に、すなわち農耕・食料生産が拡大する過程で（社会の規模も大きくなりまた共同体間の交易が生成し）やがて「都市」そして「文字」が生まれる。もっとも古い文字は（場所はやはりメソポタミアで）紀元前三〇〇〇年頃のシュメール文字とされ、続いて（その影響を受けた可能性が大きい）エジプトの文字、また（独立した起源のものと推測される）中国の文字だが（ダイアモンド〔二〇〇〇〕）、これらは伊東俊太郎の言う「都市革命」の範疇に収まるものである。そしてこうした農耕文明の発生および「拡大・成長」のベクトルが資源的・環境的制約に直面する中で、「枢軸時代／精神革命」が生じたというのがここでの私の仮説である。
▼16 こうした話題に関し鶴見・中村（2013）参照。
▼17 この点について地球科学者の中沢弘基は、地球は「四六億年前に得た熱エネルギーを現在でも宇宙空間に放

出して、地球は冷却し続けていることがはっきりしてきました。熱を放出して地球が冷却すると、地球全体のエントロピーは減少します。その分、地球はだんだんに複雑な構造に秩序化（組織化）しなければなりません」。「すなわち、『生命の発生と生物進化は、地球のエントロピーの減少に応じた、地球軽元素の秩序化（組織化・複雑化）である』といえるでしょう」と述べている（中沢〔2014〕）。

▼18　そうした「時間」や「永遠」の意味そして死生観との関わりに関しては、ここではひとまずフォン・フランツ（1982）、エリアーデ（1963）、広井（2001）を挙げておきたい。

▼19　代表的なものとしてChristian（2004）。

［参考文献］

青木薫（2013）、『宇宙はなぜこのような宇宙なのか――人間原理と宇宙論』、講談社現代新書。

石弘之・安田喜憲・湯浅赳男（2001）、『環境と文明の世界史』、洋泉社。

伊東俊太郎（1985）、『比較文明』、東京大学出版会。

――（1990）、『比較文明と日本』、中公叢書。

――（2013）、『変容の時代――科学・自然・倫理・公共』、麗澤大学出版会。

イマニュエル・ウォーラーステイン（市岡義章他訳、1991）、『叢書〈世界システム〉1　ワールド・エコノミー』藤原書店。

――（山下範久訳、2006）、『入門・世界システム分析』藤原書店。

内田亮子（2007）、『人類はどのように進化したか』、勁草書房。

エリアーデ（堀一郎訳、1963）、『永遠回帰の神話』、未来社。

大塚柳太郎（2015）『ヒトはこうして増えてきた――二〇万年の人口変遷史』新潮選書。

海部陽介（2005）、『人類がたどってきた道』、日本放送出版協会。

J・ベアード・キャリコット（山内友三郎他監訳、2009）『地球の洞察――多文化時代の環境哲学』みすず書房。

グールド（渡辺政隆訳、1990）『時間の矢・時間の環』工作舎。

ホーキング（佐藤勝彦監訳、1990）『ホーキングの最新宇宙論』日本放送出版協会。

リチャード・G・クライン&ブレイク・エドガー（鈴木淑美訳、2004）、『五万年前に人類に何が起きたか？』新書館。

ローレンス・クラウス（青木薫訳、2013）、『宇宙が始まる前には何があったのか？』文藝春秋。

小林憲正（2016）『宇宙からみた生命史』ちくま新書。

ジャレド・ダイアモンド（倉骨彰訳、2000）、『銃・病原菌・鉄（上下）』、草思社。

田中明彦（2003）、『新しい中世』、日経ビジネス人文庫。

鶴見和子・中村桂子（2013）、『40億年の私の生命――生命誌と内発的発展論』藤原書店。

中沢弘基（2014）、『生命誕生――地球史から読み解く新しい生命像』講談社現代新書。

広井良典（2001）、『死生観を問いなおす』、ちくま新書。

――（2009）、『グローバル定常型社会――地球社会の理論のために』、岩波書店。

――（2011）、『創造的福祉社会』、ちくま新書。

――（2015）、『ポスト資本主義　科学・人間・社会の未来』、岩波新書。

廣松渉（1991）、『生態史観と唯物史観』、講談社学術文庫。

マリー・ルイゼ・フォン・フランツ（秋山さと子訳、1982）、『イメージの博物誌12　時間――過ぎ去る時と円環する時』、平凡社。

アンドレ・グンダー・フランク（山下範久訳、2000）、『リオリエント――アジア時代のグローバル・エコノミー』、藤原書店。

クライブ・ポンティング（石弘之他訳、1994）、『緑の世界史（上）』、朝日選書。

松原隆彦（2015）、『宇宙はどうして始まったのか』、光文社新書。

水島司（2010）、『グローバル・ヒストリー入門』山川出版社。

スティーヴン・ミズン（松浦俊輔他訳、1998）、『心の先史時代』、青土社。

村上泰亮（1998）、『文明の多系史観』、中央公論新社。

D・H・メドウズ他（大来佐武郎監訳、1972）、『成長の限界――ローマ・クラブ「人類の危機」レポート』、ダイヤモンド社。
D・H・メドウズ他（枝廣淳子訳、2005）、『成長の限界――人類の選択』、ダイヤモンド社。
山崎正和（2011）、『世界文明史の試み』、中央公論新社。
吉本隆明（2006）『アフリカ的段階について――史観の拡張』春秋社。
和辻哲郎（1979）『風土――人間学的考察』、岩波文庫。
セルジュ・ラトゥーシュ（中野佳裕訳、2010）、『経済成長なき社会発展は可能か?』作品社。
Christian, David（2004）, *Maps of Time: An Introduction to Big History*, University of California Press.
Frank, AG and Gills, BK（eds）（1993）, *The World System: Five Hundred Years or Five Thousand?*, Routledge.
Lutz et al（2004）, *The End of World Population Growth in the 21st Century*, Earthscan.
Maddison, Angus（2003）, *The World Economy : Historical Statistics*, OECD.
Stiglitz, Joseph E., Sen, Amartya and Fitoussi, Jean-Paul（2010）, *Mismeasuring Our Lives: Why GDP doesn't Add Up?*, The New Press.
World Bank (1994), *Averting the Old Age Crisis*. Oxford University Press.

第Ⅰ部

国家と紛争の行方

第Ⅰ部は、世界の構造変化を探る。
2001年の9・11テロから始まった21世紀は
各地で紛争や内戦が相次ぎ、
そのあり方も多様化している。
グローバル化とともに、
さまざまな価値観が衝突する中で、
世界と日本はどのような方向へ進むべきか？
国家の役割はどう変わるのか？

第Ⅰ部　国家と紛争の行方——討議

21世紀の世界システムとは？

田中明彦×広井良典

田中明彦

世界システム依然複雑化——田中明彦
21世紀に楽観論と悲観論——広井良典

広井良典　そもそもどういう枠組みで今後の世界を見るかという点を考えた場合、田中さんが出された「新しい中世」▼という視点は非常に有効だと思います。一六世紀前後を起点とする近代社会においては、「国家」という存在が中心的な主体となり、またその中での「覇権国」が交代しながら今日に至っていますが、そうした枠組み自体が大きく変わるというのが田中さんの主張でしたね。

田中明彦　世界システムの複雑性が増していく国際社会の趨勢は、二一年前に『新しい「中世」』を書いた時点と変わっていません。グローバリゼーションによって民主化や自由化が進むにつれ、民間企業や非政府組織（ＮＧＯ）、国際組織などの非国家主体が活躍するようになる主体の多様化、主権国家の相対化はますます進行しています。しかし、政治的な民主化と経済的な市場経済化へ、世界が一色に向かっているわけではなく、両方が必ずしも同じように進むわけでもありません。民主化と市場経済化がともに進んだ「新中世圏」と私が呼ぶ国々の間での戦争は考えにくくなっていますが、まだ国家間戦争を可能だと考える「近代圏」も存在します。

ただし、一九九五年と二〇一一年のデータを比べると、多くの国で民主化が進み、一人当たりの国民所得が上昇した。世界の最貧困層の人口はこの一〇年で、統計を取り始めて以来初めて絶対数が減り、貧困で民主化も進んでいない「混沌圏」の国の数も減っている。また、二一世紀に入って国家間戦争はかなり減り、九〇年代に急増した内戦も減少しました。事態が悪化したというより、それなりの希望も見えてきたといえます。心配なのは、独立したばかりの南スーダンが内戦状態に陥るなど「混沌圏」にある脆弱国の状況です。テロリストの国際的なネットワークも関与し、複雑な様相を呈しています。対立の背景には石油などの資源をめぐる抗争や民族問題もあり、紛争や内戦、テロに国際社会として対応するのは難しい。

広井　なぜ世界が「新しい中世」的なあり方に移行するのかという背景を考えると、一六、一七世紀から続いた経済の拡大・成長あるいは資本主義システムが、成熟化ないし定常化する時期にきているからだと思います。つまり、いわば急激に坂道を上る時代は国家を中心とした集権的かつ一元的なベクトルで社会が進んでいきますが、定常化の時代には活動主体が多元的になり、地球上の各地域も一方向にのみ向かうのではなく、むしろ多様化していくということです。

同時に、田中さんが論じたのは移行期の難しさで、世界全体が「新中世圏」になれば秩序が生まれるが、「近代圏」もあれば「混沌圏」もあるために、ポジティブな面と混乱が続く面との両方が出てくる。二一世紀の見通しにも、世界人口も安定してある種の多元的な定常状態に向かうという楽観的なシナリオと、資源・エネルギーをめぐる争奪戦が激化するという悲観的なものとの両方があり得ますね。

田中　楽観的な面でいうと、一九九五年以降に「新中世圏」へ移行した国が三〇余りあったのに対し、「新中世圏」から脱落した国はありませんでした。民主主義が相当進み、国民の生活水準も相当上がると、他の体制を選ぼうとはしないわけです。一方で、高所得の半民主主義国・権威主義国も増えており、こうした社会における矛盾が爆発するかどうかは問題です。ポイントは高所得になっていても、あまり民主化していない「近代圏」の国々の振る舞いにあり、とりわけ日本にとっては中国の動向が深刻な不安要素です。

日本が非軍事の成功例に——田中明彦
地域の多様性から出発を——広井良典

広井　「新中世圏」は経済成長が進んでいるだけに資源消費も大きい。となると、世界が全て「新中世圏」に押し寄せていった場合に地球の容量は持つのかという疑問もわきます。どう軟着陸していくのが望ましいでしょうか。

田中　環境負荷という点でも「近代」的な発展をしている地域が最も非効率・高エネルギー消費です。これに対し、経済力が上がり政治体制も民主化した地域ではエネルギー消費に関しても、より効率的になっていると思います。

広井　ヨーロッパがそうですね。

田中　今の最大のエネルギー消費国は米国と中国ですから、この点でも中国の体制が今後どうなるかは鍵になります。単に経済成長するのではなく、民主主義と合体した形で1人当たりの国民所得が上がるというのが、地球環境の面でも望ましい方向をもたらすのではないでしょうか。

広井　二〇世紀の覇権国だった米国の覇権が揺らいでいるとよくいわれます。今後、覇権国はなくなって多元化していくという見方もあれば、中国の台頭に注目する見方などさまざまな議論があります。

田中　米社会学者、ウォーラーステインの理論では、近代世界システムが続く限り、覇権交代に伴う大戦争は繰り返されることになります。しかし、私は「近代」的な世界システム自体がそろそろ変わりつつあると見ています。

広井　一つの覇権国があるという「近代」の枠組みそのものが変容していくという指摘ですね。そこは重要なポイントだと思います。

加えて、世界の多元化が進む定常期には、一律的な物差しを初めからグローバルに適用するのではなく、各地域のローカルな多様性から出発することが重要ではないでしょうか。そうした中で、今後の日本の役割について田中さんは、世界の先頭を切って進んでいく少子高齢化対応など、ソフト面も含めた国際協力で存在意義を発揮すべきだと主張していますが、私も同感です。

田中　戦後の日本は、戦争をやらなくても国民の生活は良くなることを学び、実証したのだと思います。すると、非軍事の、地球への環境負荷も少ない技術や方式を広めていくことが、世界のためにもなり、日本の国益を確保する最善の方策にもなります。

▼**「新しい中世」**

田中明彦著『新しい「中世」』において、冷戦後の世界システムは、ヨーロッパ中世になぞらえて「新しい中世」として論じられた。そして世界の国々を「新中世圏」「近代圏」「混沌圏」の三つに分け、独自の視点から移行期の世界を分析。同書はサントリー学芸賞を受賞した。

田中明彦（たなか・あきひこ）

一九五四年生まれ。東京大学東洋文化研究所教授。専門は国際政治学。東京大学副学長、国際協力機構理事長を歴任した。著書に『新しい中世』（日経ビジネス人文庫）、『アジアのなかの日本』（NTT出版）、『ポスト・クライシスの世界』（日本経済新聞出版社）ほか。

第Ⅰ部　国家と紛争の行方――多極化と社会の多様化

多元的な都市力強化が鍵に

村田晃嗣

過去一世紀の間にも、世界政治はさまざまな大国の興亡を経験してきた。今から一〇〇年前の一九一四年には、第一次世界大戦が勃発した。イギリスの歴史家ホブズボームは、この大戦でヨーロッパ中心の「長い一九世紀」が終わったと論じている。この大戦には、日本やアメリカという非ヨーロッパの大国が参入した。しかし、続く第二次世界大戦では、アメリカは戦勝国、日本は敗戦国と命運を分かった。今度はアメリカとソ連という戦勝国同士が冷戦を戦ったが、一九九一年のソ連の崩壊で「短い二〇世紀」は終わった。この「短い二〇世紀」では、総じてアメリカが支配的な役割を演じた。

この間、今から五〇年前の一九六四年には、敗戦国だった日本が、アジア初のオリンピックを東京で開催し、経済協力開発機構（ＯＥＣＤ）への加盟を果たして、「先進国」の仲間入りをした。一九六八年には世界第二の経済大国となり、やがては「ジャパン・アズ・ナンバーワン」と呼ばれるまでになる。ソ連の軍事力よりも日本の経済力が脅威だと、「ジャパン・プロブレム」を語るアメリカ人すら少なくなかったのである。

二一世紀における大国の序列

ところが、「短い二〇世紀」が終わると、日本の政治と経済は混迷し、二〇一一年には世界第二の経済大国の地位を中国に譲り渡した。ほぼ時を同じくして、アメリカも、アフガニスタンとイラクでの大規模な地域戦争、そして金融危機のために、大幅に国力を損耗した。

今の趨勢が続けば、二〇二五～二六年ごろには名目の国内総生産（GDP）で中国がアメリカをも抜いて世界一の経済大国となり、さらに三〇年前後には、中国の国防費がアメリカのそれを凌駕しそうである。「チャイナ・プロブレム」は「ジャパン・プロブレム」の比ではない。他方で、その頃には中国も深刻な少子高齢化に直面するようになる。日本でも、二〇二五年にはいわゆる団塊の世代が後期高齢者になりはじめ、社会保障の負担が一層重くなる。さらには、ロシアやインドも台頭しよう。大国間関係からすると、今後の世界政治は多極化し、パワーの源泉も多様化するが、二一世紀の半ばまでには、大国間の序列はかなり明確になろう。

さらに多様化する社会

しかし、二一世紀を分析するには、大国間関係だけでは十分でない。社会の多様化も一層進む。例えば、アメリカでは、すでにハワイ、カリフォルニア、ニューメキシコ、テキサスの四州で白人が人口の半数を割っている。二〇四三年までには、全米五〇州すべてでそうなる。ヒスパニックの増加については周知のことだが、イスラム人口も急増している。二〇一〇年に二六〇万人だった全米のイスラム人口は、二〇三〇年には六二〇万人になると予測されている。

ＬＧＢＴの略語で知られる性的なマイノリティーも、発言力を高めている。女性の社会進出については、改めて言うまでもない。こうした人種、宗教、セクシュアリティーの多様化は、アメリカ社会を超えてグローバル社会に通じる。

世界政治が多極化し圧倒的な覇権国がなくなるように、グローバル社会では、経済的な中間層が拡大しながらも、さまざまな少数派が特定の領域で拒否的な影響力を行使することになろう。その分、コンセンサスの形成は難事である。

大胆な地方分権による多元的な都市力の強化を

世界政治の多極化とグローバル社会の多様化を架橋するのが、都市であろう。多くの都市は国家に先立って成立・発展し、興亡を重ねてきた。都市は国家より小規模で、社会より制度的である。都市が国家にとって代わるわけではないが、地球環境問題やテロ対策、国境を越えた犯罪などでは、都市は国家と並ぶ安全保障上のプレーヤーになりうる。

グローバル社会の多様化に直接向き合うのも、国家以前に都市である。国連などの国際機関や先進民主主義諸国のガバナンスが機能不全に陥る中で、都市の規模ならガバナンスを維持・強化できるかもしれない。

二〇二〇年の東京オリンピック開催で、日本の首都集中はさらに加速しそうだが、二一世紀を通じて日本に求められるのは、大胆な地方分権による多元的な都市力の強化と、その積算としての国力の回復ではなかろうか。

村田晃嗣（むらた・こうじ）
一九六四年生まれ。同志社大学法学部教授。専門は国際政治学、アメリカ外交、安全保障政策。『現代アメリカ外交の変容——レーガン、ブッシュからオバマへ』（有斐閣）、『レーガン——いかにして「アメリカの偶像」となったか』（中公新書）ほか。

第I部　国家と紛争の行方——新しい中華？

注目される「動く中国人」の役割

園田茂人

二〇一三年の九月から一二月にかけて、東大と早稲田大のゼミ生たちが、日本を含むアジアの一八大学で学ぶ学生、合計四三〇〇人強を対象に大規模調査を行なった。その集計結果が手元にあるが、眺めてみると面白い。

二〇年後に自分の子どもが大学入試に合格し、「将来のためにどの言語を学ぶべきか」と聞かれたら、どの言語を薦めるか。調査対象となる学生たちに将来を予想してもらったところ、九割弱の学生が選んだのが英語。英語が実質的な世界の共通言語となっている現状にあって、その結果は理解しやすい。

ところが次に学生が選んだのが中国語で五〇％弱と、他の言語を圧倒している。日本語を選択した者は約四分の一、韓国語は一〇％を切るなど、圧倒的に分が悪い。

実際、「中国の台頭によって中国語を話す人が増えるだろう」とする予測に賛成した学生は全体の八三％。領土問題を抱え、中国への批判的な回答が目立つベトナムの学生も、五七％強が「世界の中国語人口は増えるだろう」と考えている。

中国政府も孔子学院を世界中に拡げ、中国語を学ぶ人々を支援している。

二〇二〇年、四億に達する中国人の海外旅行者

急速な中国経済の成長は、多くの中国人を豊かにし、より多くの豊かさを求める彼らを外へ向かわせることになった。

二〇一三年、海外旅行を楽しんだ中国人は九〇〇〇万人を超え、二〇二〇年にはこの数が四億に達するだろうといわれている。行く先々で多くのお金を落とすこともあって、訪問先の経済に多大なる影響を与えるようになった。

また、海外留学も増加の一途で、二〇一三年の海外留学者数は四五万人。前述の学生調査によると、「海外の大学院で学位を取得したい」と回答した学生は、日本（東大と早稲田大）では一三％に達していないものの、中国（北京大、清華大、復旦大、上海交通大）で半数近くに達する。

海外への大量の人口流出は、いやおうなしに中国のプレゼンスを意識させることになる。「中国の台頭によって中国語を話す人が増えるだろう」と回答したアジア人学生が多かったのにも、こうした背景がある。

もっとも日本を含む周辺地域は、中国の台頭に複雑なまなざしを向けている。

前述の学生調査によれば、「中国の台頭は我々に多くの機会を与えてくれている」とする者は七割弱に達し、「将来、アジアにおける中国の影響力はアメリカを凌駕するだろう」と考える者は半数を超えている。

他方で、「経済的には急速に成長しているものの、中国は政治的に不安定である」とする意見に賛成する者は七割強、「中国の台頭は世界の秩序を脅かしている」とする見方に賛成している者も五割強おり、香港や台湾でもこうした意見が強い。中国の学生で、自国の台頭が世界の秩序を脅かしていると考えてい

る者が一割強しかいないのとは大違いだ。

自国・地域に与える中国の影響についても、肯定的な意見と否定的な意見とが拮抗している。

「動く中国人」は中国を変革するか

習近平が二〇一二年、総書記に選出された際の記者会見の席上で、「中華民族の偉大な復興を目指す」と述べたことは、記憶に新しい。急速な経済成長を背景に、影響力を持つようになった中国は、国際社会における承認を強く求めるようになっている。

もっとも、実際に承認されるかどうかは、今後、中国がどのような姿を示し、世界にどのように理解されるかに依存している。

改革・開放が始まってから今日に至るまで、海外に渡った中国人が中国政治を動かしてきたとはいいがたい。彼らは中国の国内政治から距離を置き、中国の側も彼らを警戒してきたからだ。何より経済成長が長く続き、「幸せな相互不干渉」が可能な状況に置かれていた。

果たして、こうした状況は今後も続いていくだろうか。それとも、二〇世紀初頭の留学生や華僑・華人がそうであったように、彼らが中国を変える一大勢力へと変わっていくだろうか。

新たな「中華」の姿は、海外と中国とを往来する「動く中国人」たちの役割に大きく依存しているといって過言ではない。

園田茂人（そのだ・しげと）
一九六一年生まれ。東京大学大学院情報学環・東洋文化研究所教授。専門は中国社会論、比較社会学、アジア文化変容論。著書に『東アジアの階層比較』（中央大学出版部）、『中国社会はどこへ行くか――中国人社会学者の発言』（岩波書店）ほか。

第Ⅰ部　国家と紛争の行方――苦悩する欧州

グローバル化を飼いならす欧州

遠藤　乾

グローバル化は、サンドバッグのように叩かれる。しかし、それはまだ伸びしろのある現象であり、嫌っても背を向けても、今後も進行していく可能性が高い。日本が独力でそれをキャンセルできるのなら、それも一手だが、できないのならそれを飼いならしていくしかない。

「聖域」を普遍的理念で包んで説得する能力

欧州の強みとは、このグローバル化を飼いならすに当たり、統合による仲間づくりを最大限活《い》かしながら、自己利益を普遍的理念で包む能力の高さにある。日本が学ぶべきは、利益と理念とを結びつける際の欧州の粘り強さだ。

現代のグローバル化には、欧州も日本同様、頭を悩ませている。日本ではＴＰＰ（環太平洋パートナーシップ協定）がよく知られているが、こうしたグローバル化の試みは、それぞれのプロジェクトが一時的に挫折しても、また違う形で迫りくる。その際、お互いに高度な生活水準を抱え、それを守りたい日欧は、正反対の反応を示す。

日本では、「聖域」を設定し、「これだけは守らせてください」とクリンチで逃れようとする。しかし、そのやり方は、相手が「聖域」を設定するのをも促す結果、日本の得意産業が得られる利益を削ってしまう。それだけでなく、これは相手国に共感を生まない。なぜなら、そのように一見防御的な姿勢を取る国は、実は自動車や電子産業など相手国の「聖域」を壊してきた張本人かもしれず、それにもかかわらず自国のことしか考えていないように映るからである。

欧州でも、もちろん農業や文化などの「聖域」意識はある。しかし、欧州はそれらを「原則」、あるいは普遍的な理念で包み、他国民にも分かる論理で守ろうとする。

農業を例にとってみると

農業を例にとってみよう。ここで欧州は、「環境保護」「食の安全」「持続可能性」といった普遍的価値の下で、しかも反自由貿易のスタンスを取ることなく、自地域の農業を守ろうとする。具体的には、「ＧＡＰ（適正農業規範）」という良質な農業慣行をスタンダードとして設定し、土壌や水質汚染を防ぐことで、環境と安全を守り、農業を持続可能にするのである。そして、ＧＡＰを認証化し、それに基づいて経営する農家に所得補償などの形でお金を落とす。ここまでは公的な動きだが、そうした上で、今度はスーパーマーケットのチェーン店が、「環境にやさしい」として、ＧＡＰ認証を経た農産品を優先して購買することになる。世界で先んじてＧＡＰを導入しているのは欧州だから、結果として域内の農業や田舎の生活が守られる。しかもこれは私企業の選択の結果なので、ＷＴＯ（世界貿易機関）の法に明示的には違反しない。

並行して欧州は、「ハーモナイズ・アップ原則」を掲げ、ここでも普遍的な価値の下で自地域の産業を守ろうとする。この原則によれば、消費者保護や環境保全などの分野で良質な規制がある場合、自由貿易の中でその規制をなし崩しにし、劣悪な規制の水準にまで規制緩和、つまり「ハーモナイズ・ダウン」

してはならないとされる。そうではなく、規制を摺《す》り合わせるのなら、上質な方に合わせる、すなわち「ハーモナイズ・アップ」するものである。これにより、域外から廉価で劣悪な製品がむやみに流入してくるのを防ぎ、すでに高い水準に合わせて活動している自地域の産業を守るのである。

これは、普遍的な価値を理念として掲げ、その価値は国境を越えた他国の市民にとっても大事なものだと共感の輪を広げながら、その半歩後をしずしずと自地域の利益が通るようなやり方に他ならない。自由貿易の原理主義者からすると、このやり方は巧妙な貿易障壁に過ぎないが、自由な交換だけが正義なわけではない。環境や安全といった他の価値をそれと折り合うような形で守ろうとするのである。

グローバル化は、容易にやり過ごせない。それは自分たちの生産・消費活動がつくりだしているものだからである。その潮流が続くと想定した場合、いかにして自国の産業と田舎の生活を守るのか。欧州の工夫が日本に投げかける問いには奥深いものがある。

遠藤乾（えんどう・けん）
一九六六年生まれ。北海道大学大学院教授。専門は政治学、国際政治、ＥＵ、安全保障研究。著書に『統合の終焉――ＥＵの実像と論理』（岩波書店）ほか。

第I部　国家と紛争の行方——アラブの本当の春

自前の秩序実現こそ中東の「春」

酒井啓子

『アラブ五〇〇年史』の著者で歴史家のユージン・ローガンは、イラク戦争後のアラブ世界は不定愁訴に悩まされてきた、と表現した。9・11同時多発テロ事件（二〇〇一年）やイラク戦争以来、アラブ人たちは自分たちが「世界規模のチェス盤の上のつまらない歩兵にすぎない」と感じてきた、という。

「アラブの春」後、政治は再び市民の手から離れた…

その不定愁訴を吹き飛ばしたのが、二〇一一年の「アラブの春」だった。アラブ諸国のあちこちで、人間の尊厳回復を求める思いが市民レベルで高まり、路上での大規模な市民運動を生み、長期にわたり権力の座にあった政権にノーをつきつけたからだ。それはそれまでの中東地域の政治秩序に、大きな楔《くさび》を打ち付けた。

だが、今、新たな不定愁訴が中東全域を覆っている。政変から二年後、エジプトでは、選挙を経て成立したモルシ政権を、前政権の支配層の一角にいた軍が、クーデターで倒した。シリアの反政府運動は、サウジアラビアやイランなど周辺国の介入により代理戦争化している。北アフリカでの武装勢力の拡大も、中東の政治変動の副産物のひとつだ。政治は再び市民の手から遠く離れ、その方向性はますます不透明となっている。

事態を混迷化させているのは、体制変動をめぐる国内の権力抗争だけではない。そこに米国の中東地域からの後退という要素がかぶさってくる。二〇一一年のエジプトのムバラク政権崩壊は、米国が同盟相手を簡単に見限ったということでもあった。同じく親米のサウジアラビアなどの湾岸産油国は、そのことに危機感を抱いた。二〇一三年、米国が対シリア攻撃を取りやめたことは、自国と米国の利害の不一致をまざまざと見せつけた。

対米関係中心の地域秩序からの脱却とその後遺症

アラブ諸国では、一九七九年以来エジプトとサウジアラビアを中心に、米国との関係を軸とした地域秩序が構築されてきた。一九七九年とは、アラブで初めてエジプトがイスラエルと単独和平を結び、イランがイラン革命で反米化した歴史的な年だ。さらに9・11以降は、米国が中東で展開する「テロとの戦い」が現地の対米同盟国を巻き込んでいく過程で、各国内部の権力関係が、その地域秩序に深くつながっていった。

今、揺らいでいるのは、その対米関係中心の地域秩序である。その中核にあった二国が、今やアメリカから切り捨てられかねない立場に置かれている。だが、内政に組み込まれた地域秩序は、米国が後退したとしても、簡単には転換できない。クーデター後のエジプト政府は、「テロとの戦い」と称して、ムスリム同胞団への容赦ない弾圧を繰り広げている。

米国に依存できなければ、権力維持のために自力で政敵を倒すしかない。対米同盟国にしてみれば、こう言いたいところだろう。「米国はムスリム同胞団のようなイスラム組織や、アサド政権のような独裁政権を徹底的に倒してくれればよかったのに、中途半端に介入をやめて我々を見捨ててしまった。あとは自力で、こうした政敵を倒さざるをえない」。

　だが逆に、こうした強硬策によって弾圧された政敵が過激化し、テロ拠点が拡大することは自明だ。シリアでは、サウジアラビアが反政府勢力にテコ入れした結果、イスラム国（ＩＳ）が拠点を広げていった。そして近年の世界でのテロ事件の続発につながっていった。

　中東が、一層政治的に不安定化する治安悪化シナリオを回避するには、どうすればいいのか。それは「テロとの戦い」や「悪の枢軸」との名で政敵を排除するのではなく、多様な勢力を抱合した新たな政治秩序を再編成する他にない。それは、米国との関係を軸にした地域秩序から脱却し、「テロとの戦い」の過程で先鋭化された宗派主義や宗教的過激主義を、常態に戻すことである。それこそが、「アラブの春」が当初求めたもののはずだ。

　「アラブの春」は、一度は不定愁訴を吹き飛ばした記憶を人々に残した。いったん自由な自己発現を経験した彼らが、自ら政治を変える力を放棄したわけではないだろう。

酒井啓子（さかい・けいこ）
　一九五九年生まれ。千葉大学法政経学部教授。専門は中東政治、イラク政治。著書に『イラクはどこへ行くのか』（岩波書店）、『イラクは食べる――革命と日常の風景』（岩波新書）、『〈中東〉の考え方』（講談社現代新書）ほか。

第Ⅰ部　国家と紛争の行方――「テロとの戦争」の意味

「テロとの戦争」が招く真の危険

西谷　修

二一世紀の戦争の基本形態＝「テロとの戦争」

二一世紀に入って戦争の基本形態は、「テロとの戦争」になった。それは国家間の戦争ではない。「見えない敵」を想定して国家が軍事行動を展開することをいう。その場合「敵」は外国ばかりでなく国内にも想定され、監視や予防の網の目が張られる。国境はもはや敵と味方の境界ではなくなるのだ。「テロ」の危険を呼び寄せるのは、経済的繁栄の象徴（マンハッタンのツインタワー）だけではない。産業のインフラは狙われやすいし、原発はそれ自体が危険物だから格好の標的になる。だからそれを守るために地対空ミサイルさえ配備される。

それだけでなく、各国が競って開発する先端技術は、小型核兵器と同様「敵」の武器になるとみなされる。サイバー攻撃のためのＩＴ（情報技術）、生命科学技術も同様である。新型インフルエンザがどのように発生したのかについては議論があるが、その研究はウイルスが生物兵器になりうるという疑惑のもとで行なわれている。先端技術が「テロ」に悪用される危険と表裏だということは、現代の技術と社会との危うい関係を示唆している。「見えない敵」を設定したとき、あらゆる先進技術的可能性が自分に向けられた潜在的な兵器でもあるということが露呈した。

戦争の変化と旧来のままの戦争イメージ

現代の戦争の条件は、「敵」の姿を消しただけではなく、国家の輪郭をも消してしまった。だから今では、誰が誰を監視しているのかもわからない。その一方で、破壊や殺人は人間の経験から遠ざけられる。地上にはロボット兵器が投入され、偵察・爆撃も遠隔操縦の無人飛行機が行なう。だから、どれほど現場が悲惨でも、攻撃する側には人的被害が出ない。「文明国」は無傷で「テロリスト」を殲滅《せんめつ》するというわけだ。

すでに半世紀以上、大国同士の戦争は起きていない。起きないというより起こせないのだ。兵器の破壊力が過大になり、甚大な損害が、混乱が予想される。だからこそ戦争は「テロとの戦争」になった。つまり大国が小国や非国家的勢力を「テロリスト」（あるいはその仲間）と名指して殲滅しようとする。そこに圧倒的な軍事力の差があるからこそ「戦争」が仕掛けられる。いま先進国の人々がなじんでいる戦争のイメージは、この種の「戦争」で作られたものだ。

ところが、戦争をしようとする人間の想像力は旧来のままのようだ。あるいは、先進技術の威力や破壊の規模に想像力が追いつかない。そして人間の知性も、強力なテクノロジーを使うのにますます不釣り合いになっている。難解なことや通常の尺度を超えたことはすべてコンピューターや機械に任せようとする。人間は考えることも想像することも省略し、単純な憎悪や報復の感情だけに身を任せて、安易に戦争を語ろうとする。だが、世界はもはやゼロ戦や戦艦大和の時代ではないのだ。

「戦争の内戦化」

それでも、国家間の緊張を高め、軍事態勢を推し進めようとする傾向もある。だが、現実的に考えて大国間の戦争ができないとすれば、戦争への機運が煽られる意図と効果はおのずと明らかだ。外部に「敵」を想定すると内部の締め付けが可能になる。実際の戦争を起こすより、こちらの方が現実的な効果だ。「テロとの戦争」が「戦争の内戦化」だというのはこの意味だ。つまりそれは、見えない外敵と戦うより、見やすい「内部の敵」を排除して統治を強化することにつながる。

二一世紀の戦争はこのように、世界秩序の主要部での「内部の統制」と、周辺の無秩序化として恒常化する傾向をもつ。それを放置すれば、世界は次の世紀を展望する必要そのものを失いかねないだろう。

西谷修（にしたに・おさむ）

一九五〇年生まれ。立教大学大学院特任教授。東京外国語大学名誉教授。専門はフランス哲学。著書に『夜の鼓動にふれる──戦争論講義』（ちくま学芸文庫）、『〈テロル〉との戦争』（以文社）、『戦争とは何だろうか』（ちくまプリマー新書）ほか。

第Ⅰ部　国家と紛争の行方——「民族自決」の夢

「民族自決」の夢を問い直せ

西崎文子

二〇一四年は、第一次世界大戦開戦から一〇〇周年にあたった。米国の参戦やロシア革命の勃発など国際政治を大きく転換させたこの戦争は、一つの概念を世界に解き放った。「民族自決（ナショナル・セルフ＝ディターミネーション）」あるいは「自己決定（セルフ＝ディターミネーション）」である。それから一世紀、この概念はどのような歴史を辿ったのであろうか。

「民族自決」の概念の系譜

民族自決の概念は当初、ヨーロッパのナショナリズムと結びついて登場した。一九世紀、革命運動を担った自由主義者らは、帝国支配下の諸民族の解放を謳《うた》い、また伝統主義的民族主義者らも、民族単位の国家形成を目指した。民族自決は、オーストリア＝ハンガリー帝国やロシア帝国からの解放を求める民族運動を基底としていたのである。

他方、マルクス主義の視点から帝国主義を批判し民族自決を唱えたのがレーニンであった。彼の掲げる民族自決は階級闘争や社会主義革命の一環であり、自由主義的ナショナリズムとは異なっていた。レーニンの構想には、アジアやアフリカの植民地解放が射程に含まれていた。

このような議論に民主主義の理念を接ぎ木したのが米大統領ウィルソンである。民族自決の提唱者とされるウィルソンだが、彼が頻用したのは民族自決ではなく「自己統治（セルフ＝ガバメント）」であり、民主主義に近い概念であった。つまり、後進地域に民主政を導入し人民の統治を実現するというウィルソンの考えが、第一次大戦を媒介に民族自決と融合したのである。

このように、民族自決の概念は複雑な系譜を持っていた。歴史家Ａ・メイヤーによれば、第一次大戦の戦後処理ではナショナリズムが優位にたった。チェコスロバキア（当時）やポーランドの誕生がその例である。レーニンの脱植民地化やウィルソンの自己統治の課題は積み残されることになった。

植民地独立の勝利と試練

第二次世界大戦後の脱植民地化の動きは、民族自決にとって勝利であり試練でもあった。それは、米ソ両国が植民地独立を支援する一方で、民族自決の概念をめぐって激しく対立したからである。民族自決は社会主義革命を不可欠とするのか、それとも自由主義・資本主義体制のもとで貫徹されるのか。対立の中で、新興独立国が政治や経済を自己決定できる範囲は急速に狭まっていった。

冷戦時代の一つの不幸は、民族自決の擁護者を自任する国々が新たな抑圧者に転じたことである。ソ連は大戦後、東欧諸国を衛星国化し、内政・外交の自己決定権を奪った。朝鮮半島やインドシナでも独立の声は封殺され、民族自決をめぐる戦いは冷戦構造に取り込まれていった。共産主義の拡大を恐れ、米国が軍事介入したベトナムはその代表例である。

もう一つの不幸は、兵器の拡散である。影響力拡大を狙う米ソは、配下の政権や政治勢力に競って軍事援助を与えた。その結果、アジアやアフリカの独立運動や民族紛争は極めて熾烈なものになっていった。

失望とナショナリズムの高揚

今日、民族自決の概念は、希望よりも失望をもたらしているように見える。旧ユーゴスラビアでのように、ナショナリズムは血で血を洗う民族紛争を生み出し、新興独立国には内戦や貧困、独裁が絶えない。「アラブの春」後の中東諸国や昨今のウクライナの状況は、自己統治が達成困難であることを示している。

失望が蔓延するのは、自由や公正など民族自決の概念を支えた夢がいまだ遠いからである。帝国が過去となって久しい今日でも、一〇〇年前と同様、世界の数パーセントが財を独占し、政治権力を握る状況が続いている。多くの人々が自己統治から隔てられた状況のもと、失望を埋めるためにナショナリズムの情動を利用する傾向も生じている。

ナショナリズムが国家や民族間の対立を煽り、民主政が社会の不平等を持続させるときに、問い直すべきは我々がここに至った道筋である。民族自決という概念はなぜ、明るい光を放ちながら深い闇を内包してきたのか。この概念の前提にある固有性の尊重、不公正への批判、自立といった価値を改めて追求するには何をなすべきか。我々は、民族自決の概念を手がかりとして歴史を紡ぎ続けなければならない。

西崎文子（にしざき・ふみこ）
一九五九年生まれ。東京大学教授。専門はアメリカ政治外交史。著書に『アメリカ冷戦政策と国連――一九四五～一九五〇』（東京大学出版会）、『アメリカ外交とは何か――歴史の中の自画像』（岩波書店）ほか。

第Ⅰ部　国家と紛争の行方——拡大するサイバー空間

多極化へ向かうサイバー空間

原田 泉

近年インターネットの社会浸透が進むにつれ、その政治的・軍事的利用が急速に拡大している。米国では、すでにサイバー空間を陸・海・空・宇宙空間と同様に一つの作戦領域と位置付け、一〇〇〇人規模のサイバー部隊を保持しており、イスラエルと共同開発した「スタクスネット」と呼ばれるコンピューターウイルスは、イランの原子力施設の制御システムに感染し機能を停止させた。

現在では米国以外にも、少なくとも四カ国が同様の高度なサイバー攻撃能力を保持し、一〇〇を超える国がサイバー部隊の組織化に着手しているという。もちろん中国も「ネット藍軍《らんぐん》」と呼ばれるサイバー軍を創設し、日本でも防衛省は規模こそ小さいが「サイバー防衛隊」を新設する。

サイバー・ウォーズの時代到来

一方、国家や企業の機密を盗むためにシステムに侵入する標的型攻撃も頻発している。二〇一一年の三菱重工や衆参両院を標的とした攻撃は、記憶に新しい。サイバーインテリジェンス（サイバー空間の情報収集活動）時代の到来である。インテリジェンスは近年、ビッグデータ時代に突入したといわれている。数え切れない情報やデータが日々増大しつつネット上で流通し、さらに今後、スマートフォンのみならず、監視カメラ、オフィスの複合コピー機、ウエアラブル（身に着けられる）端末による健康情報まで、リアル社会での情報がネットで結ばれていく。各国のインテリジェンス機関は、国内外のこれらの膨大なデータを合法非合法を問わず入手し解析処理し分析するのである。そしてこの能力こそが、国の外交力や防衛力の拠り所となり、国際紛争を左右することにもなる。

ネット情報の八割が米国家安全保障局(NSA)の監視下に

実際、スノーデン事件で明らかになったように米国家安全保障局（NSA）は、プライバシーなどお構いなしにインターネットなどのほとんどすべての通信ネットワークから膨大なデータを傍受し、解読し分析し貯蔵している。その上、同盟国の首相や日本を含む三八の大使館・代表部の通信を盗聴・傍受し、加えてネット上の秘密を担保する暗号化のアルゴリズム（算法）や技術のほとんどを回避あるいは解読しているという。従来言われてきた「サイバー空間は自由で国境のない世界」だとする幻想の裏に隠れて着々と拡大してきた米国のインテリジェンスツールとしてのインターネットの本性が、一般市民にまで暴露されてしまったのである。現在でも大動脈であるルートサーバー一三台のうち一〇台は米政府の監督下にあり、その結果、全世界のインターネットを流れる情報の八割以上が米国経由となり、ＮＳＡの監視下となっている。

こうした現実に直面し、ロシアや中国ばかりか欧州連合（ＥＵ）や他の国々も対抗策を取り始めた。独仏のトップの間では、電子メールその他のデータが米国を経由しないよう欧州内ネットワークの構築が論じられ、ブラジルでは、グーグル、フェイスブックなどの米ネット企業に対し、自国民の情報は国内に保存するよう義務づける法案が提出されている。このようにインターネットが分断され、国境ができ、国ごとに異なるものになってしまう現象は「バルカン化」と呼ばれている。そうならないためには、米国が少なくとも同盟国の納得する形でＮＳＡ等の活動を制限すべきだが、そう簡単な話ではない。

ハッカーによる国家機密の流出

一方、スノーデン事件は国家に対する大きな脅威を明らかにした。どの国も彼のようなインターネットの専門家が政府の中枢で情報活動を担うようになっており、彼らの中には無政府主義的で自由至上主義的傾向が強いハッカーやギークと呼ばれるような人々が存在する。アノニマスやウィキリークスと同根の部分もあり、第二、第三のスノーデンが出てくる可能性は大いにある。そうなれば世界に国家機密はなくなるとまで言われており、彼らをいかに管理し処遇するかが、各国政府の重要な課題となっている。

以上のように、サイバー空間は米国の一極集中的覇権構造から多極化へ向かいつつあるものの、今世紀末までの道筋は決して平坦ではなく、技術の進歩に制度が追い付かない状況は国際秩序作りの場でも当分続きそうである。

原田 泉（はらだ・いずみ）
一九五六年生まれ。国際社会経済研究所主幹研究員。専門は情報社会論。『ネット社会の自由と安全保障』『情報セキュリティで企業は守れるか』『デジタル・ツナガリ』（以上、編著、ＮＴＴ出版）ほか。

第I部　国家と紛争の行方――グローバル・ヒストリーの中の国家

足元の空間から共同性構築を

水島 司

ネットが自分の日常に入って来た時、目の前にはこれまでにない自由が広がっているかに見えた。ネットという仮想空間の中に住居を置くことができれば、肉体は空間から自由となり、無限とも思われる情報が世界の隅々から瞬時に届くことは外の世界との距離を消す。かつてはそこかしこに存在したに違いない、しかし近代が喪失させてしまった「今、共に、生きる」という思いを、新たな道具がようやく再現してくれる。……はずであった。

「今、共に、生きる」という思いをネットは実現したか

それから数十年を経た今、この閉塞感はどこから来るのか。奇妙な解放感と、にもかかわらずつきまとう孤独感。無限に広がるかに見えるつながりと、その総体の軽さ。想像すらできなかったネットの広がりがもたらしたこの感覚は、クリミアの今が象徴する国民国家主義の新たな強まりの下で、グローバリゼーションがもたらしたのはこれでしかなかったのかという思いと将来への疲労感を強めさせている。

グローバリゼーションの進展がもたらしたこの感覚の源を我々に気付かせた決定的なできごとは、3・11の東日本大震災と原発事故であった。放射能という制御不能の暴力によって、今まで生きてきた空間を

一瞬のうちに喪失した人々。もちろん、世界を見れば、家を追われ故郷を失った難民は少なくない。しかし、3・11は、それが二一世紀の日本に起きてしまったということを我々に告げただけではなく、「今、共に、生きる」ことを約束したはずのネットには、自らの肉体が生きるかけがえのない「ここ」という場が決定的に欠けていることをも気付かせた。

強化する国民国家主義の世界史的な意味

このような状況下での国民国家主義の強まりは、どのような世界史的な意味をもつのか。コロンブス以降の交易の拡大は、地球大の経済発展を準備した。そこを舞台として西欧が主導した近代という時代は、植民地化という支配・被支配の構造化を世界規模で進めた。いち早く国民国家を成立させた西欧は、その凝集力を支配力に換え、他方、支配地では人々の生きた空間を破壊し、連帯の芽生えを潰した。皮肉なことに、このような支配と従属の構造に抗して運動を主導した支配地の民族エリートたちも、抵抗の最も有効な手段を、国民という共同性を生み出しそれを基盤として国民国家を築くことの中にしか見出せなかった。大きな犠牲が払われ、独立が達成され、こうして今日、国民国家システムが地球を覆うことになった。

近代において、こうして生み出された国民国家は、空間にあるさまざまな共同性の中で国民という共同性を選び、それに国家という領域を割り当てた生産物である。もちろん、それは長い人類史の中の一産物に過ぎない。過去においても、ある共同性が熱狂的に支持され、それが幻滅から消滅に至った例は数多い。しかし、知っておくべきは、その崩壊のただ中から、ひとは新たな共同性を築き続けてきたことである。「共に、生きる」ことが根源的だからである。

足元の空間から「共に、生きる」へ

ソ連邦の崩壊、欧州連合（ＥＵ）の拡大という国民国家システムの揺らぎと反比例して進んだネットの普及は、国民国家に代わる地球大を領域とした共同性を生み出すかにみえた。しかし、３・11は、その実現が遠い先にあることだけではなく、自己の肉体を置く「ここ」という空間こそが生の中核にあることを知らしめた。

「今、ここに、共に、生きる」ことの持つ意味がひとにとって根源的であるとすれば、二一世紀の我々の方途は、「今、ここ」という足元の空間から「共に、生きる」ことを実現していくことにしかない。その際、グローバリゼーションの進展に抗するがごとくガヴァナンス（統治）という名で決定権の集中を図る国家に対してとりうる戦略は、「ここ」にある空間と自らがつながり、そこでの決定に参加し、「共に、生きる」ことの内実を自身の手にたぐり寄せていくことであろう。その点に関し、悲観的過ぎる必要はない。目を凝らせば、すでにそこかしこに、さまざまな動きと希望が出現していることに気がつくはずだから。この閉塞を打ち破る突破口は、足元にしかない。

水島 司（みずしま・つかさ）
一九五二年生まれ。東京大学教授。専門は南アジア近現代史。『グローバル・ヒストリー入門』『インド・から』（ともに、山川出版社）ほか

第Ⅰ部　国家と紛争の行方――民主主義と資本主義

21世紀の自由主義・民主主義・資本主義

三宅芳夫

一九八九～九一年のソ連―東欧の「社会主義圏」崩壊と「冷戦」の終焉後、しばらくの間「歴史の終焉」を語る言説が流行した時期があった。

その頃からちょうど四半世紀が過ぎた。現在、「歴史の終焉」を前提にして、「理念」なき「退屈さ」だけを懸念できる場所と人は、どの程度残されているだろうか？

米ソ超大国による正面からの「熱戦」と人類史の終末は――現在の研究では、実際のところ、その可能性がどの程度あったのかは疑問視されてはいるが――遠のきはしたものの、ユーゴ内戦、二度にわたる湾岸戦争、アフガニスタンのタリバン政権への攻撃と政権崩壊後の混乱、ルワンダ内戦をはじめとするアフリカ大陸における大量殺戮、出口の見えない中東地域のカオス、そして「北」側諸国でも周期的に反復される「テロ」など、人類が組織化された「暴力」の「爆発」する地平から離陸できる展望は、控えめに言っても「霧に包まれた」ままだ。

また「自由市場」を中心とした「資本主義」レジームが「自由―民主主義」体制の可能性を保証する、という「歴史の終焉」論の主張も、加速度的に説得力を失いつつある。

「南」側諸地域のみならず、「北」側諸国においても、「中間」層解体と連動した「格差」と「貧困」の拡大は、「極右」的な「排外主義」、「ナショナリズム」の水位を上昇させるマグマとして機能しつつあり、「他者との共生」というポスト「冷戦」期の規範は、地球レベルで危機にさらされている。

「自由主義」と「民主主義」

現在の、このような状況は「民主主義の危機」として語られることが多いが、その内実は、「資本主義」体制の下での「自由主義」と「民主主義」の「連携」あるいは「妥協」の「危機」として分析・考察する必要があるように思われる。

かつて、ヨーゼフ・シュンペーターは大著『資本主義・社会主義・民主主義』において、構造的及び歴史的分析をクロスさせながら、一九世紀から二〇世紀にかけての巨大な変動とその意味を考察しようとした。筆者は必ずしも結論において、シュンペーターに左袒する者ではないが、第二次大戦後の一定の「妥協」に基づいた世界システムの総体が「新自由主義グローバリズム」の展開によって大きく揺らいでいる現在の「危機」は、シュンペーターが取り上げた構造変動と同様な、あるいはそれ以上の巨大な規模のものである、と考えている。

さて、先ほど、「自由主義」と「民主主義」の「連携」あるいは「妥協」、という表現を用いたが、歴史的にも理論的にもこの両者は必ずしも常に「同盟」的な関係を築いてきたわけではない。

「内面」・「良心」の「自由」、「プライバシー」の「保証」、または絶対「不可侵」の「私的所有権」の「主体」としての「個人」、あるいは神聖なる「法の支配」などは、基本的に「自由主義」に由来するルール群であり、それに対して「政治共同体」の構成員間の「平等」を志向し、また「統治」の「正統性」を構成員の「合意」（理念型ではあれ）に基づく、とする規範は、「民主主義」を価値として受容することによって、はじめて発生する。

例えば、一九世紀半ばの「近代世界システム」の「覇権国家」であるイギリスの政治制度は、「自由主義」・「立憲主義」体制の範例として看做すことができるが、決して「民主主義」体制であったとはいえない。あるいは、「奴隷制」または「女性」・「外国人」排除という限界をつとに指摘されながらも、現在に至るまで「民主政」の重要な参照枠であり続けている古代ギリシアのポリスにおいては、「内面」や「良心」の「自由」を主題化させるような「自由主義」的「個人主義」は、ヘーゲルが――あるいはヘーゲルとは逆の立場からアレントが――指摘するように、存在する余地をもたなかった。

「近代世界システム」と「民主主義」

「長い一六世紀」に骨格を整えた「近代世界システム」は、「インター・ステイト」システムと「資本主義世界経済」の複合メカニズムとして起動し始め、一九世紀半ば以降には地球全体を覆うようになった、と描き得るが、このシステムにおいては、「自由主義」／「資本主義」の結合が圧倒的に主流であり、「民主主義」はせいぜい一七八九年に始まるフランス革命の過程において、一時的に前景化する萌芽を示したに過ぎない。

また、「インター・ステイト」システムという条件の下で展開される「民主主義」は、最終的には「ステイト（state）」の規模に収斂していく傾向を、大筋においては避けることはできなかった。これは同時に「民主主義」の「主体」が「ステイト」に対応した「ネイション（nation）」に収斂していくことを意味する。「民主主義」が「国民国家」の規模において「最適」に機能し得るのかどうかについては、すでに多くの議論があるが、批判的に捉えるにせよ、現在のわれわれがこの条件を完全に無視することは難しいことには注意を払っておく必要があるだろう。

「自由主義」／「資本主義」の結合を基本的な軸とする「近代世界システム」が「民主主義」との「妥

協」を本格的に迫られるようになったのは、二〇世紀の「覇権」闘争に参加する「中核」国家群の「三〇年戦争」（一九一四〜四五年）においてである。それぞれの国家は、自国民のエネルギーを最大限引き出すためにも、「民主主義」、場合によっては「社会主義」と結合した「民主主義」との「妥協」あるいは「同盟」を選択することを余儀なくされた。

一九七〇年代半ばまでは、「北」＋「西」地域では、「民主主義」と妥協した「自由主義」―「資本主義」システムは、――ジェンダーや生態系、あるいは「南北」問題に関して少なからぬアポリアを抱え込みながらも――人類史スケールで見れば、相対的には安定を享受してきた稀な時代とも言えるだろう。

しかし、七〇年代中頃から始まった地球規模での「新自由主義的再編」は、この安定的構造を根底から崩壊させた。その際、「自由主義」は「資本主義」の正統化言説として最大限効率的に活用され、同時に「民主主義」は最小化されつつある。「国民国家」と「民主主義」の妥協とも言える「代議制民主主義」も統治エリートと超富裕層による「統治（ガバナンス）」へと置換され、古典的な政体論の語彙を用いれば、「民主政」は「寡頭政」に移行しつつある。

とは言え、かつて広く信じられていた命題とは異なり、「歴史」に「必然」はない。「自由主義」／「資本主義」へ純化した、「統治」の世界へと滑り落ちていくのか、あるいは「民主主義」を軸として、――「自由主義」のポジティブな側面を再定義しつつ――「近代世界システム」の変容を導き出すのか、それはわれわれの選択次第である。

三宅芳夫（みやけ・よしお）
一九六九年生まれ。千葉大学教授。専門は哲学、社会思想史。主な著書に、『知識人と社会――J＝P・サルトルにおける政治と実存』（岩波書店）、『近代世界システムと新自由主義グローバリズム』（編著、作品社）ほか。

第Ⅱ部

脱〈成長〉への道

今世紀末を見据え、
長いスパンで「思考の枠組み」を問い直すために、
〈成長〉からの転換を考える。
人類は、資源の面からも、地球環境の面からも、
従来のままの〈成長〉を続けることが不可能になっている。
しかし実際には、現代人にとって
〈成長〉を前提とする生活や発想を変えるのは難しい。
今、何を自覚し、何から始めるべきなのか？　目指すべき社会像とは？

第Ⅱ部　脱〈成長〉への道――討議

豊かさの変質と定常化

神野直彦×広井良典

神野直彦

連帯に基づく社会創出を――神野直彦

「緑の福祉国家」の実現へ――広井良典

神野直彦　脱「成長」が議論されるようになった背景には、大量生産・大量消費で自然資源を多消費する工業化社会の産業構造の行き詰まりがあります。行き詰まりの要因は二つあって、一つは自然資源からの制約というか、自然環境の破壊です。もう一つは家族やコミュニティーなどの人的環境の破壊です。ポスト工業化社会においては自然環境とともに、人間の絆をベースにした新しい産業構造を創る必要があります。工業化の時代には単純労働が要求されたのに対し、今は人間の頭脳や神経系統の能力が求められます。「知識社会」とも呼ばれますが、そこでは量を質に置き換えて自然資源をセーブすると同時に、人々が互いに「惜しみなく与え合い、分かち合うこと」を基盤にした社会、経済を創っていかなくてはなりません。言い換えれば、人間の欲求には豊かさが実感できる「所有欲求」とともに、人間と人間、あるいは人間と自然との調和や共生によって満たされる「存在欲求」があります。工業化社会は存在欲求を犠牲にして所有欲求を充足していたのに対し、ポスト工業化社会では幸福を実感する存在欲求が追求されるようになる。産業構造を質的なものに変えていかなければ、人間が人間としての存在欲求を充足できません。

広井良典　工業化の坂道を上り詰め「定常」段階に達した国々と同時に、まさに工業化の坂道を登っている中国などの新興国が存在しているのが現状ですね。

脱成長論の源流の一人であるＪ・Ｓ・ミルは、『経済学原理』（一八四八年）で「定常状態（stationary state）」について論じています。これは英国で工業化が加速化しつつあった一九世紀半ば、当時はまだ農業が社会の基盤をなしていたため、経済は土地の制約にぶつかって行き詰まるという議論でした。皮肉なことに、その後、工業化社会になって経済は土地の制約から離脱し、ミルの議論は主流の経済学から忘れられていったわけですが、一六〇年以上経って、今度は地球レベルでミルが提起した問題に直面しているのだと思います。今、欧州、特に北欧やドイツは福祉と環境と経済を両立する社会を実現し始めています。片や米国はマネー資本主義的な姿で対極にあり、日本は岐路に立っています。加えて富の分配も重要な問題です。

神野　分配の問題も人的環境に結びついています。社会保障は家族やコミュニティー、ボランティア組織などの連帯に支えられているからです。社会保障制度がうまくいかなくなっている原因で見逃されているのは、人的環境が破壊され、連帯の気持ちが失われていることです。世代間の連帯が分断され、むしろ世代間闘争をあおられています。

広井　アベノミクスに顕著ですが、日本の場合、パイの拡大、つまり成長によって分配の問題も解決できるという発想が根強い。高度成長の成功体験、工業化社会で成功したモデルという意識が染みついているので、なかなか脱却できないのでしょうか。

神野　米経済学者のレスター・サロー氏は『資本主義の未来』（一九九六年）で日本に対し、ルールが変わったという事実に最後に気づくのは前のルールでの勝利者だと指摘しました。ただ、問題はあまりにも人的環境や自然環境が破壊されすぎて、立て直す意欲と方策を見失っていることです。存在欲求を支えるのは仲間意識という本来の意味でのソサエティー（社会）で、それを例えば地域の祭りなどを通じてコツコツと築いていくしかありません。現政権の戦略の下で成長したとしても、格差や貧困が広がることは目に見えています。格差や貧困を広げないための政策を打ちながら成長を目指すとしたら、経済と社会の構造を変えざるを得ません。

地域の共同体からの出発――神野直彦
相互扶助的発想取り戻す――広井良典

広井　大学のゼミその他で感じてきたことですが、現在の学生や若い世代には成長による解決という発想があまりありません。彼らにはローカルなものへの志向があり、豊かさを別のところに求める傾向が明らかに見られます。アベノミクス的な動きは高度成長期の延長における最後の現象と考えていいでしょう。一方で、ドイツや北欧諸国などが脱成長の福祉社会へ向かう社会基盤として、宗教や伝統的な価値観の存在も指摘されます。

神野　倫理に裏打ちされた良識のある経済が目指すべき社会だとしても、その倫理はやはりコミュニティーが生み出すものです。コミュニティーの人間同士が結びつくための慣習を作り上げていくことによって、同じ価値観や情感が形成されていく。それは一つの問題を共同作業で解決することを通じて、地域社会が創り出すものでしょう。

広井　同感です。日本でも例えば、倫理と経済の一体を唱えた実業家、渋沢栄一の「論語とそろばん」や、近江商人の「三方良し」のような、いわば相互扶助的な原理を組み込んだ経済の発想は存在しました。日本は独自の形で、そういう価値基盤をもう一度取り戻していけば、持続可能な福祉社会と呼ぶべき社会を実現できると考えます。

一般化して考えると、福祉と環境と経済を両立させる社会像として「緑の福祉国家」または「緑の分権的福祉社会」があると思います。それは資本主義と社会主義とエコロジーがクロスオーバーしたものとも言え、一番近いのはドイツやデンマークなどです。地域で自然エネルギーの自給も進め、社会保障的な分配も国の主導から次第に軸足をローカルなレベルへ移し、より分権的な福祉社会に向かうというイメージです。

神野　環境問題で自然と人間のフレンドリーな関係を築く場合も一律ではなく、地域ごとに特有な自然の様相に合わせて最適なものを創っていく必要があります。

広井　グローバル経済が先にあって国家、地域へと下りてくるのではなくて、ローカルから出発して環境も福祉も経済も循環するシステムを作り、それをナショナル、グローバルが補うというのが、二一〇〇年の世界が目指すべき姿ではないでしょうか。

神野　国民国家レベルで人々を統合する力が緩んできた今、国民国家の上に帝国のようなものができるシナリオもありますが、むしろ人々が参加できる小さな組織から、上へ積み上げていく構想が大切です。工業化社会は人々に画一的な生活様式を強制し、画一的な需要を生み出しているわけです。これを作り替えて新しい経済を動かすためには、地域に結びつきながら、固有の自然に合わせた生活様式から構築しなければなりません。画一性ではなく多様性が重要な価値になります。

神野直彦（じんの・なおひこ）
一九四六年生まれ。東京大名誉教授。財政学専攻。著書に『人間回復の経済学』（岩波書店）、『痛みだけの改革、幸せになる改革』（PHP研究所）、『「分かち合い」の経済学』（岩波新書）ほか。

第Ⅱ部　脱〈成長〉への道――モデルなき経済をいかに構想するか?

「拡張」から「循環・共生」の論理へ

佐伯啓思

幸福観の国際比較をしているある研究者に聞いたことなのだが、たとえば日米で幸福観に顕著な相違があるという。仮に自分の求める幸福度を一〇点満点で示すと何点ぐらいかという質問をするとする。アメリカ人は当然一〇点だという。ところが日本人は六点ぐらいがちょうどいいというのである。

ここに両国の基本的な価値観の違いが見事に示されている。多くのアメリカ人にとっては、「独立宣言」にもあるように、「生命、自由、幸福追求」は人のもって生まれた基本的権利であり、自由の拡大と幸福の増大は無条件で正しいと思われている。限りなく一〇点に近づく、いや、一〇点を飛び越して無限に増大すべきなのである。

しかし多くの日本人はそうは考えない。第一に、「私」だけが幸福であるなどということは不自然で、知り合いや、さらには見知らぬ他人も含めて「みんな」がそれなりの幸福感をえていないと不都合に感じる。

第二に、人生、幸福もあれば不幸もある。一〇点満点の幸福など求めれば、どこかでしっぺ返しを受けて大きな不幸に襲われるだろう、と考える。結局、誰もが人生プラス・マイナス・ゼロになって終わるのであって、プラスが大きければそれだけマイナスも大きい。いずれ足し合わせてゼロになるところでみな平等だということだ。

世界に蔓延する「アメリカ型幸福感」

今日、アメリカ型の幸福観が世界を覆っている。それは、個人的な「自由」と「幸福」の無限拡大を基軸的な価値とみなす近代主義の端的な表現だ。「自由」の無限拡大が、経済成長主義をもたらし、永遠に続く技術革新を生みだし、人間の欲望の無限増殖を生みだし、グローバリズムを生みだした。こうして、グローバルに展開する経済成長をめぐる競争は歯止めを失い、それ自体が自動運動を始めてしまった。

グローバルな経済競争と成長追求がこのまま続けば何をもたらすかは明らかであろう。それは破局以外の何ものでもない。すでに、冷戦終結後の一九九〇年代のユーフォリア（楽天）的なグローバリズムのイメージとは裏腹に、今日の世界で生じていることは、市場と資源をめぐる国家間対立であり、成長戦略をめぐる国家間競争であり、グローバルな金融市場の攪乱《かくらん》である。経済の不調を脱するために、どの国もお金を刷ってばらまいている。この不安定な世界は、「自由」主義の予定調和的なイメージとは大違いの、いわば新帝国主義とよぶべき事態なのである。

あまりに激しいグローバル競争が、実際にはグローバリズム（国境を超えた世界形成）を破壊し、自由の無限の追求が、節度ある自由を破壊しつつある。成長という強迫観念に取りつかれたわれわれは、自由どころか市場競争へと隷属しているのだ。

日本の「循環・共生の論理」へ

ではどうすればよいのだろうか。

速効性ある確かな答えなど、どこにも存在しない。しかし、この自動運動がわれわれを破局に導くという想像力を働かせることはできるだろう。そして、まずは、自由・富・幸福を無限に拡張するというアメリカ流の「拡張の論理」から離れなければならない。これは価値観の転換であり、アメリカ型の近代主義ではなく、日本の「循環・共生の論理」の方がいっそう有効なのである。それは、競争ではなく共生と共存をよしとし、「足るを知る」を旨とし、節度と秩序を慮《おもんぱか》り、物的幸福だけでは幸福は測れないことを教え、自由や幸福の無限拡張などありえない、ことを教えてきた。

私は、日本の価値観こそが世界を席巻すべきだなどと大言壮語する気はないが、少なくとも、一〇点満点の幸福追求よりも、六点でよしとする日本的価値観の方が、ポスト近代主義への橋渡しにはなるだろう。

確かにドイツの歴史学者シュペングラーの述べたように、「文明」には盛衰がある。グローバル資本主義を生みだした西洋の近代主義は、その頂点にあって没落の予感におののいているのである。

佐伯啓思（さえき・けいし）
一九四九年生まれ。京都大学名誉教授。京都大学こころの未来研究センター特任教授。専攻：社会経済学。著書に『従属国家論――日米戦後史の欺瞞』（ＰＨＰ新書）、『さらば、資本主義』（新潮新書）ほか。

第Ⅱ部　脱〈成長〉への道――時間と脱成長

時間と生活を奪還するために

セルジュ・ラトゥーシュ（翻訳：中野佳裕）

危機の時代がやってきました。

人間の行為の影響は、今や地球の大きな循環に連動し、地球生態系の機能に損害を与えるまでにいたっています。その結果、六度目の種の絶滅[1]がすでにはじまりました。人間はその犠牲者になるかもしれません。つまり人間にとって、人類の歴史の終焉がやってくるかもしれないのです。

生活を破壊する「速度の熱狂」

機械時計によって人為的に分割された時間は、経済の専制支配に全面的に服従する社会の中心テーマとなっています。そのような社会では、与えられた時間の中で常により多くの商品を生産することが求められます。生活のリズムを加速化し、耐久性（わけても製品の耐久性）を短縮しなければなりません。生活のテンポはあまりにも速くなり、「現在」の感覚さえも失われてしまいます。確かに、わたしたちは（平均的に見れば）昔よりも長生きしています。しかし、意味ある生を送るための時間を得たことはかつて一度もありませんでした。

生物経済学者ニコラス・ジョージェスク＝レーゲンは、「エネルギーと経済学の神話」（一九七五〜七六年）という論文の中で、現代消費社会のこの熱狂を「ひげそり器の堂々めぐり」というたとえ話をもって非難しました。それは「ひげを速くそるのは、もっと速くそれる機械をつくるためのもっと多くの時間をつくるためであり、もっと速くそれる機械はさらにいっそう速くそれる機械をつくるためのいっそう多くの時間を生み出すためであり、うんぬんと無限に続くのである」[2]という内容です。

常にもっと遠く、常にもっと高く、常にもっと速く！　このオリンピック的なスローガンは、人々の集団的想念の中で繰り返し語られています。人間は高性能でなければならず、常日頃から常識外れのタイムトライアルに駆り立てられています。これは速度の熱狂です。

生産性第一主義による時間の制圧は、生活世界が破壊される本質的側面の一つであり、哲学者イヴァン・イリイチが「意味の喪失」[3]と非難した現象です。生命と物を数値化された原子に転換するプロセス[4]は、事物の抽象化を進める途方もない知的労働であると同時に、人間疎外と自然の略奪を引き起こす恐るべき事業です。思考を通じてあらゆるものが数値に還元され、計算可能にならなければならないのです。また、現実の生活においては、あらゆるものが相互に交換可能な商品に転換されなければならないのです。

哲学者ハートムート・ローザによれば、超近代（ハイパー・モダニティー）と新しい技術が生み出す様々な形態の加速化は、人間の経験が時代遅れになるリズムを継続的に速め、その結果、「現在」として定義される時間の幅を短縮させます[5]。かくして製品の耐用年数の短縮、空間・時間の圧縮、信用貸付依存の生活はストレスを増大させ、それを軽減するための薬の消費を促進します。しかし、文明崩壊の脅威に晒された世界に生きる人間の未来は、それよりもさらに不安の種なのです。

時間と生活の奪還へ決意を

インターネットのＪａｖａ言語の開発者であるビル・ジョーイは、『ワイアード』誌の二〇〇〇年四月号所収の「なぜ未来はわたしたちを必要としないのか」という記事で次のように警告しています。「二一世紀において最も有力な技術――ロボット工学、遺伝子工学、ナノ技術――は、人類を絶滅過程の生物種に変えてしまうおそれがある」[6]。

技術によって、そしてまた世界の〈工学化〉によって「人間が時代遅れになる」という考えは、原子爆弾が人類の生存に対して脅威を与え始めた頃に現れました。日本の降伏から四日目の一九四五年八月一八日の『サタデー・レビュー』紙に、米国のジャーナリストのノーマン・カズンズは、彼自身も関与した原爆投下の経験に深く心を傷め、「時代遅れとなった現代人」という記事を発表しました。カズンズによれば、人間は、原子力エネルギーの恩恵を享受しながらその潜在的な危険性を統御できるだけの能力を備えてはいません[7]。

また、哲学者ギュンター・アンダースは、相互確証破壊（ＭＡＤ）による「破局の可能性の日常化[8]」が原因で「人間が時代遅れのものになった」ことを見事に分析しました。その著書『時代おくれの人間』の中でアンダースは、機械に対する人間の劣等感を前にしてわたしたちが感じる「プロメテウス的羞恥[9]」について語っています。「我々は、挫折を味わった唯一の存在であり、時代遅れになるように創られた唯一の存在である[10]」と。

時間を取り戻し治癒するためにも、今すぐに脱成長社会を構築しなければなりません。距離を短縮し、生活を地域に根ざし、スローな生活を発見・再評価する。労働時間を削減し、製品の耐用年数を伸ばし、古代ギリシャにおいて理想的な生活とされた「観照的生活[11]」を再発見する。わたしたちは速度への執着から解放され、時間と生活の奪還へと向かわなければなりません。

しかしそのためには、わたしたちの習慣、すなわちわたしたちの価値観や考え方との断絶が必要です。激しい資本蓄積ではなく、分かち合いの中で幸せな生活を創るためには、わたしたちの物の見方・考え方を、経済成長優先の思想から解放していかねばなりません。現在直面している危機のように、さまざまな事故や災害は、そのための決意をわたしたちにうながすでしょう。脱成長の時代がやってきています！

▼1　古生物学や地質学では、約六五〇〇万年前の白亜紀に起こった恐竜の絶滅を五度目の種の絶滅と呼ぶ。これに続く六度目の種の絶滅が今日の地球環境破壊によって進行している、という主張を指す。

▼2　Nicolas Georgescu-Roegen, *La décroissance, Entropie, écologie, économie*, Paris, Editions Sang de la Terre et Ellébore, 1979, p. 107（ニコラス・ジョージェスク＝レーゲン著『経済学の神話』、小出厚之助ほか編訳、東洋経済新報社、一九八一年、一四三頁、所収）。

▼3　Ivan Illich, *La perte des sens*, Paris, Fayard, 2004（訳注：フランスでは二〇〇四年に、イヴァン・イリイチの論文集が『意味の喪失』というタイトルでファヤール社から刊行された）。

▼4　生命や物を周囲の生態系や社会関係と切り離し、その価値を数値で測ること。近代合理主義の父デカルトの機械論的自然観を批判する表現。

▼5　Hartmut Rosa, *Accélération. Une critique sociale du temps*, Paris, La Découverte, 2011.

▼6　J.P Dupuy, *La marque du sacré*, Paris, Carnetsnord, 2008, p. 77（ジャン＝ピエール・デュピュイ著『聖なるものの刻印――科学的合理性はなぜ盲目なのか』、西谷修、森元庸介、渡名喜庸哲訳、以文社、2014年）。原文より直接訳出。

▼7　Giles Slade, *Made to Break. Technology and Obsolescence in America*, Cambridge, MA., Harvard University Press. 2006, p. 144.

▼8　核兵器の開発によって、人類の絶滅をもたらすような破局的事態がいつ起こってもおかしくない状況になること。

▼9　プロメテウスはギリシャ神話に登場する英雄で、人類に火をもたらしたとされる。西洋文明でプロメテウスは、技術を開発し物を製作する人間の象徴として捉えられている。技術思想の根本には、人間が自ら発明した技術で物を製作し、周囲の環境を支配するという考えがある。ところが産業文明が拡大発展し、技術が高度化するにつれて、人間は、自ら開発した技術で製作した物や制度（例えば、原子力エネルギー）を自らの力でコントロールできなくなる。アンダースは、現代文明においてプロメテウスの夢が崩れた状態を、『プロメテウス的羞恥』と呼んでいる。

▼10　Günther Anders, *L'obsolescence de l'homme. Sur l'âme à l'époque de la deuxième révolution industrielle*, Paris, Encyclopédie des nuisances, 2002, p. 41（ギュンター・アンダース著『時代おくれの人間――第二次産業革命時代における人間の魂』法政大学出版局、一九九四年）。原文より直接訳出。

▼11　静けさの中で物事の在り方について思索する哲学的な生活であり、古代ギリシャではしばしば、人間にとって最高の生き方とされていた。ここで著者は、生活のテンポが加速化する中で、自らの行為の影響を省みることなく経済活動を行う現代人の生活

を批判し、人間と世界の在り方を立ち止まって反省する能力の再生を主張している。

セルジュ・ラトゥーシュ（Serge Latouche）

一九四〇年生まれ。パリ南大学（オルセー）名誉教授。専攻：経済哲学、南北問題。グローバル経済の構造的な矛盾を克服する経済理論として、世界的に注目される「脱成長」理論の提唱者。邦訳書に『経済成長なき社会発展は可能か？』『〈脱成長〉は、世界を変えられるか』（ともに中野佳裕訳、作品社）ほか。

中野佳裕（なかの・よしひろ）

一九七七年生まれ。国際基督教大社会科学研究所非常勤助手、明治学院大学国際平和研究所研究員。著書に『21世紀の豊かさ――経済を変え、真の民主主義を創るために』（共編著、コモンズ）ほか。

第Ⅱ部　脱〈成長〉への道――新たな幸福論

「我」と「場」の幸福論

内田由紀子

「山のあなたの空遠く、幸い住むと人の言う」。

カール・ブッセの詩が上田敏により翻訳されたのは、明治三八年（一九〇五年）である。それから一〇〇年余が経ち、幸福は「山のあなた」まで尋ね歩きに行かなくとも、消費活動や投資（たとえば教育への投資など）で手に入れ、愉しむことができる時代になった。たとえば経済学では、幸福度を金銭的価値と同様に扱って議論ができるとさえ考えられている。心理学研究においては個人の主観を尋ねることにより、外から観察しただけではわからないような個人の心のあり様に焦点をあてることを可能にしてきた。そして「幸福を感じているのはどういう人か？」というような問いにも答えることができるようになった。

北米的な〈「我」の幸福論〉

社会の近代化にともない、神や自然などの超越性の領域（運に左右されるもの）としての幸福観から、個人的領域（自分で得るもの）としての幸福観へとシフトし、幸福は自らの資本を投じることで拡大させることができる私的な財として考えられるようになってきた。人々は「我」の幸福の増大を求め、学問も「我」の幸福について解明しようとしてきた。

筆者は幸福の意味の比較文化研究を行なってきたが、様々な調査データを総合すると、北米のように社会的流動性が高く（＝引っ越しや転職が多く、つきあう相手が変わりやすい）、個人の自由を保障することを重視する「相互独立的」な文化においては、自分の現状に満足し、誇りを持つことが幸福をもたらしている。現状の幸福はさらなる投資を招き、将来の幸福の増大をもたらすとも考えられており、安寧よりは精神的高揚が求められる。こうした北米型の文化的価値の特徴は、「我」の幸福論との相性が良い。それゆえ、自由な選択によって個人の幸福を支える社会制度や公共のあり方が求められて、グローバル化とともに世界に広がった。

日本的な〈「場」の幸福論〉

ＯＥＣＤなどで個人の幸福感や生活の質への満足についての調査が実施され、「個人の幸福を社会はどれだけ支えているか」という視点からも国別ランキングとして評価されている。こうしたランキングでは、大抵、ＧＤＰ水準の高い国々の位置づけは高くなる。しかし実は日本の幸福度はＧＤＰ水準に比すれば相対的にいって低いものである。日本の幸福度はなぜ低いのか。社会保障や労働問題の問題など、様々な解釈がなされ、議論が起こった。

しかし平均値の比較によるランキングは、本当に意味のあるものなのだろうか。そもそも幸福とは何か、その意味するところや実現方法は、社会や文化によって異なるのではないか。実際日本の幸福のあり方は北米型とは違っている。日本は相対的には社会的流動性が低く、対人関係のバランスを重視する「相互協調的」な文化であるといわれている。興奮よりは穏やかな状況や感情が幸福をもたらすとされ、精神的安寧が求められる。そして幸せすぎることはネガティブな結果も招きうると考えられている。たとえば「周りが見えなくなる」「現状に安住してしまい、成長がとまる」「良いことが続くと次に何が起こるかと不安になる」といった負の側面が認識されている。それゆえに、幸せすぎるとかえって良くない（不安になる）ということが生じるし、さらには「我」だけの幸福ではなく、他者とのバランスや「人並み感」も大切にされている。こうした考えは、古い世代や農山村部に限ったことではなく、都市部の若者にも共有されている。

日本型の幸福には、個が獲得するという要素だけではなく、前近代的な「運命や周囲にゆだねる幸福」が根付いており、バランス志向的である。不注意になっていないだろうか、他者を搾取していないだろうか、とチェックし、幸福なときに自らを制御するシステムを発動させている。こうしたバランス志向的幸福は、しがらみをもたらした側面もある一方、世界の現状において、新しいパラダイムと価値を提供できるところもあるのではなかろうか。

「我の幸福」の追求は、社会の資源が増大し成長している状況下では、競争により新たな生産性をもたらす適応的方略であろう。一方で資源が定常化する低成長社会においては、むしろバランス志向的幸福が適応的とも見えてくる。バランス志向的幸福は、「場」の幸福を考えることにもつながる。人は共同体（地域や会社組織など）をつくり、その中で様々な資源を他者と共有して暮らしている。一人一人が我の幸福を求めて競争的に奪い合えば、いつかは「場」の資源は枯渇する。こうした時に、「場」の資源をいかにはぐくみ、人の幸福を育てる場所として維持させるのかというのは、重要な課題である。もちろんそこでは場の幸福のために個人の幸福が犠牲になることが無いような、努力や仕掛けも必要である。

東日本大震災後、被災地以外の地域でも、他者との結びつきや日々の日常への感謝の念が増した人たちが一定数おり、そのような人たちは日々の当たり前の生活への幸福を感じやすくなっていったことが示された。リスクへの感度があがることは、私たちの「場」への幸福への志向性をもたらす。新しいパラダイムにふさわしい議論の提示と、そのためのあらたな指標作りが急務であろう。

内田由紀子（うちだ・ゆきこ）
一九七五年生まれ。京都大学こころの未来研究センター准教授。専門は社会心理学・文化心理学。主な著書に、『社会心理学概論』（共著、ナカニシヤ出版）、『こころ学への挑戦』（共編・著、創元社）、『「ひきこもり」考』（共編・著、創元社）ほか。

第Ⅱ部　脱〈成長〉への道――ポスト資本主義

資本主義の先に何を目指すべきか？

熊谷誠慈

資本主義の限界

資本主義の限界が叫ばれて久しい。が、それに代わる確たる方向性が未だ定まっていないのが現状である。むしろ、大量消費型の資本主義がさらに加速しつつあるように感じる。

経済至上主義からの脱却をいち早く宣言した国がある。ブータンだ。一九七二年、前国王の不慮の死により弱冠一六歳で王位を継いだ、ジクミ・シンゲ・ワンチュク第四代ブータン国王（一九五五〜）は、二〇〇六年の退位までに幾多の改革を押し進めた。

一九七〇年代、若き日の四代国王は、外国人記者たちに対して「ＧＮＨ（国民総幸福）はＧＮＰ（国民総生産）よりも重要だ」と述べたとされる。ブータンのＧＮＨが誕生した瞬間である。ただ、簡潔な表現ゆえに誤解も起こりがちだ。「ブータンは経済の意義を否定する国だ」と。しかし、これは全くの誤解である。

ＧＮＨは「持続可能な開発の促進」、「文化的価値の保存と促進」、「自然環境の保全」、「善い統治の確立」という四つの柱から構成される。ブータンにおいても経済開発は重要な課題だが、ただしそれは最優先事項ではなく、あくまで他の三つの柱とのバランスを保ちながら進められる。

当然、経済至上主義の国々に比べると経済発展は遅れてしまう。事実、二〇一三年時点ではブータンのGDPは世界第一六八位となっている。このランキングを見て、これほど貧しい国がなぜ幸福を享受し得るのかと驚く人もいるだろう。

経済的豊かさと幸福

資本主義国家において経済発展を否定する人は稀である。しかし、GDP世界トップクラスの現代日本において、毎年何万人もが自殺をし、心の病を抱えている事実は看過できない。すなわち、物質的な豊かさだけで、人は幸福になることはできないのである。

先に、ブータンのGDPが世界第一六八位だと述べたが、レスター大学の人生満足度指数（二〇〇六年）では、ブータンはなんと世界第八位である。一方の日本は第九〇位。同指標によれば最貧国に属するブータンが、経済大国の日本よりも高い人生満足度を維持していることになる。

戦後日本ほど、急激な経済発展を遂げた国も珍しい。しかし、経済発展が必ずしも幸福には直結しない現状を目の当たりにしながらも、わが国はいまだ物質的・経済的豊かさに固執し、その呪縛から逃れることができないでいる。

若者たちの変化

未来への鍵は案外、若者たちが握っているのかもしれない。いまだ、ジャパン・アズ・ナンバーワンを忘れられない大人たちがいる一方、バブル崩壊や就職氷河期などを経て、若者たちの考えは明らかに変化している。高級車やブランド品に対する関心が薄れるなど、いわゆる草食系の若者が増えつつある。消費活動に消極的な草食系の人口が増えれば、国内消費は当然落ち込む。彼らは従来型の経済政策においては歓迎されない人種であろう。しかし、ここに資本主義を超える一つの手がかりを見出すことができるかもしれない。

仏教哲学と幸福

現在を遡ること二五〇〇年前、仏教の開祖ゴータマ・シッダールタは、苦からの脱却（すなわち、究極的幸福への到達）のための教えを説いて回った。それによれば、執着、怒り、無知という三種の精神作用が、苦しみを引き起こす主原因とされる。貪欲さの少ない最近の若者たちを悲観視するシニア世代も少なくない。また、近年、学生運動も減少しているように、若者たちは困難な現状に対して怒りをぶつけなくなってきている。しかし、仏教的観点に基づけば、ハングリーさ（執着）や怒りの少ない彼らこそ、苦から脱却する道筋を進んでいることになる。日本の経済が停滞していく状況に、日本の若者たちは案外うまく適応し得ているのかもしれない。

経済至上主義から幸福中心資本主義へ

二一世紀も、世界的な経済危機は幾度となく訪れるに違いない。その都度、危機を乗り越えるための経済的施策は必要であろう。が、同時に、経済以外の要素にも進んで目を向けていくべきである。万が一、経済危機に対して万策尽きた時でさえ、国民が人生に絶望しないで済むための方策である。

経済発展は否定しないが、それ以外にも人々に幸せをもたらす要素があると考えるのがブータン流だ。ブータンのＧＮＨは、上記の四つの柱とは別に、「生活水準」（≒経済）、「教育」、「健康」、「心理的幸福」、「コミュニティの活力」、「文化の多様性・弾力性」、「時間の使い方」、「良い統治」、「環境の多様性・弾力性」という九領域を設定する。経済が停滞し「生活水準」が望ましくない状況となっても、他の八領域で国民の人生満足度をカバーするという方策だ。これにより、世界の経済動向に右往左往、一喜一憂せず、長期的な視野にもとづいた経済開発を進めることが可能となる。もちろん、国の規模や文化の異なる日本に、ブータンのＧＮＨ政策を全く同じ形で導入することはできないだろうが、本質部分については共有できるはずだ。すでに東京都荒川区など、自治体レベルではこうした取り組みが始まっている。これを如何に国レベルに押し上げていくかが次なる課題である。

経済中心の資本主義に後続する概念として、幸福を経済の上位に位置づける「幸福中心資本主義」（Happiness-centered Capitalism）を提示し、本稿の締めくくりとしたい。

熊谷誠慈（くまがい・せいじ）

一九八〇年生まれ。京都大学こころの未来研究センター准教授。専門は仏教学・チベット学。主な論文に、「ブータンにおける仏教と国民総幸福（ＧＮＨ）」（『宗教研究』Vol. 380所収）、「ブータンにおけるサキャ派仏教」（『ヒマラヤ学誌』Vol. 15所収）ほか。

第Ⅱ部　脱〈成長〉への道――働き方のパラダイム・シフト

「働くこと」の変容とモデル構築

玄田有史

二一世紀に入り、働くことにも、いくつかのパラダイムシフトが進んでいる。

第一のシフト、働く「単位」

第一のシフトは、働く「単位」のシフトだ。これまで日本で働くとは、企業という組織に属し、組織を単位として仕事に従事することを意味していた。企業の一員として認められ、責任を全うすることが、立派に働くことだった。しかし既存の組織を前提として、そこにいるメンバーの力だけで大きな仕事を成し遂げることは、限界を迎えている。

現在、働く基本となる単位は「組織」から「プロジェクト（事業・計画）」へと変わりつつある。重要な仕事は、すべてがプロジェクトを立ち上げるところから始まる。依頼主や最終責任者から指名されたリーダーにプロジェクトが発注され、時間内での実現を求められる。リーダーはプロジェクト遂行のため、組織を超えて適材適所の人材をかき集め、協力を仰ぎ、完成させせなければならない。仕事はもはや組織ではなく、プロジェクトを中心に動いているのだ。

この後戻りできないシフトに気づいていない人々が、若者にも中高年にもまだ多い。組織に所属さえしていれば、とりあえず安泰と、いまだに信じている人がいる。今求められているのは、組織人に執着することではない。プロジェクトに適宜必要とされる技を持った職人になることなのだ。

第二のシフト、働きの「評価」

第二のシフトは、「評価」のシフトだ。かつて日本の企業では、働く「人物」が評価され、給与や昇進が決まっていた。高い報酬は「出来る人」に支払われるものだった。

だが、これからは「人」から「仕事」へと評価の比重が移っていく。給料も人によって判断されるのではなく、仕事の内容に応じて決まってくる。以前は同じ人物であれば、職務や勤務先がかわっても、給与は原則変わらなかった。今後は仕事の出来栄えにより、報酬も大きく異なってくる。

働きぶりの評価が人物としての評価に直結しないことは、これまでのやり方に馴れてきた人にはどこか味気なく感じられるだろう。一方で、報酬が伸びないからといって、自分はダメな人間だと落ち込む必要もなくなる。給与が減っても、仕事がうまくいかなかっただけと気持ちを切り替えられれば、働くという行為に冷静に向かい合うこともできる。

今後は、何でもやる正社員だけでなく、仕事限定の正社員も増えていく。特定の仕事がなくなれば、正社員でも契約を打ち切られたり、解雇されることも起こる。大事なのは、どういう状況をもって「もう仕事はない」と判断するかという、合意の形成とルールづくりになる。

第三のシフト、働く人の「高齢」化

第三の働くシフトは、「高齢」にまつわるシフトだ。年金の支給開始年齢が六五歳に延びたことを受け、六〇代前半の就業率は着実に高まりつつある。今後もその流れは変わらない。人口減少のなかで、

健康な高齢者が働き続ける環境の整備は不可欠になる。次の大きな課題は、六〇代後半以降も働き続ける人々をどれだけ増やしていけるかだろう。

鍵を握るのは、これから六〇代後半から七〇代に突入していく団塊の世代だ。その多くが、引退して年金暮らしに安住するのをよしとせず、元気に働き続けることで社会に貢献するという気概を持てるかが、問われている。

ただ財政難の折り、団塊世代の就業を促すための補助金など、政府は安易に準備すべきではない。老老介護や誰もが暮らしやすいコンパクトなまちづくりなどの課題に、六〇代後半以降の高齢者がその元気な頭と手足をフル活用し、解決策となる働き方をみずから率先してほしい。

現在は、仕事をしないことが、すぐさま社会からの孤立につながる状況も強まっている。ずっと一人か、家族としか交流がない「孤立無業（ＳＮＥＰ：Solitary Non-Employed Persons の略）」が急増中だ。社会から孤立したままの無職の子どもを残して逝かねばならない親の辛さは、いかばかりだろう。二〇世紀型の成長モデルを超え、仕事を通じて誰もが連携し合える新たな社会モデルの構築こそ、二一〇〇年に向けた重要な思考実験の一つである。

玄田有史（げんだ・ゆうじ）
一九六四年生まれ。東京大学教授。専攻：労働経済学。著書に『孤立無業（ＳＮＥＰ）』（日本経済新聞出版社）、『危機と雇用——災害の労働経済学』（岩波書店）ほか。

第Ⅱ部　脱〈成長〉への道——脱資本主義の行動原理

資本主義の〝過剰〟性の是正を

水野和夫

五〇〇〇年の「金利の歴史」において、現在、日本の一〇年国債利回りは前人未到の超低金利にある。一九九七年九月に二・〇%を下回って以来、昨年（二〇一七年）の九月でなんと一九年目に突入した。これまでの超低金利の「記録保持者」は、中世末、地中海経済圏で最も繁栄したイタリア・ジェノバだった。一六一一年から一六二一年の一一年間二・〇%を下回り、一六一九年に利回りは一・一二五%まで低下し過去最低となった。日本の国債利回りは、現時点（二〇一七年一月）で〇・〇五%なので、期間、水準（価格）ともに世界記録を更新中である。

「犬の尻尾（金融）が、頭（雇用）を振り回す」

資本主義は資本の自己増殖プロセスと捉えることができるので、ゼロ金利になると従来型の投資では資本は自己増殖しない。そこで、英米は従来とはまったく次元の異なる「電子・金融空間」をつくって資産バブルで資本の自己増殖を図るようになった。いわば、この四〇年間、金融の自由化とグローバリズムの掛け声のもと「犬の尻尾（金融）が、頭（雇用）を振り回す」経済構造が出来上がり、その行き着いた先が二〇〇八年の9・15（リーマン・ショック）だった。

一方、独仏は統一通貨ユーロを創出し、国民国家の枠を超えて巨大な統一市場をつくったが、ギリシャなど南欧諸国の財政破綻懸念でユーロソブリン危機（欧州債務危機）を招いている。

超低金利（すなわち低利潤率）に直面して、英米と独仏は表面上異なる対応をとったが、「蒐集」（コレクション）という点で本質的に同じだ。英米は量的緩和により貨幣を、独仏はユーロを通じて土地を蒐集した。

「蒐集」は欧米に固有の概念だ。キリスト教誕生後、霊魂と物質を「蒐集」することで社会秩序の維持を図ろうとする考え方が生まれ、新たな空間を創出し、それを「蒐集」することで歴史の危機を乗り越えてきた。

資本の自己増殖が効率的に行なわれているか否かを測る尺度が、利子率（利潤率）である。一二一五年にローマ教会が利子率を公認して、資本家が誕生した。そして資本主義が最初の危機を迎えたのが一七世紀初頭のイタリアだった。その象徴が超低利潤率を表わすイタリアの利回りだ。

「陸の帝国」であるローマ・キリスト教・地中海世界が東西の出口をイスラムに塞がれ、これ以上空間が広がらなくなった「長い一六世紀」と呼ばれる時代（一四五〇～一六五〇年）はまさに地中海世界の危機だった。それを乗り越えたのは周辺にあったオランダやイギリスで、彼らは新しい理念を掲げ、七つの海を統合し、空間を全地球に広げ、高い利潤率を確保した。

「過剰」性とグローバリゼーションからの脱却を

それから四〇〇年たって、日本で一七世紀のイタリアをはるかに上回る超低金利が実現した。先進国が成熟化し、アフリカがグローバル化するにいたって、もはや新しい実物投資空間はないからである。そこで、先進国は「電子・金融空間」において三年に一度バブルをつくり、崩壊のたびに雇用環境と国家の財政事情を悪化させていった。

先進国と新興国との間では二〇世紀末から所得水準が近づき、同時に先進国内では貧困問題が発生した。この事実は資本主義が周辺を必要とするシステムであることを示唆している。中心と周辺からなり、かつその両者を結びつけるイデオロギー的な諸力・諸装置を備えているのが帝国である（一七世紀以降は英国と米国が非公式の帝国）。グローバリゼーションは二一世紀における「帝国」の諸装置であり、先進国の外側にあった「周辺」を先進国内につくるプロセスだ。

スーザン・ソンタグが『火山に恋して』（邦訳：みすず書房）で指摘しているように、「蒐集」は必ず「過剰・飽満・過多」になる。資本の利潤率（利子率）が著しく低いのは資本が過剰だからである。現在起きているゼロインフレ・ゼロ成長・ゼロ金利は、資本主義の「過剰」性を是正するプロセスなのである。「過剰」性とグローバリゼーションから脱却しないとポスト近代が見えてこない。「より速く、より遠くへ」を行動原理とする近代が「過剰」性を生むのだから、今後は「より近く、よりゆっくり」としたシステムに移行する必要がある。それへの移行を担保するのが三つのゼロ均衡である。それなのに現実は異次元の量的緩和や「成長戦略」でそれを壊そうとしている。

水野和夫（みずの・かずお）
一九五三年生まれ。法政大学教授。専攻：経済学。三菱ＵＦＪモルガン・スタンレー証券チーフエコノミスト、内閣府大臣官房審議官（経済財政分析担当）、内閣官房内閣審議官（国家戦略室）を経て、現職。著書に『資本主義の終焉と歴史の危機』（集英社新書）ほか。

第Ⅱ部 脱〈成長〉への道——再帰的近代の可能性

弊害を自省する「近代」の可能性

渡辺 靖

西洋の価値観は行き詰まりを迎えているのか？

近代の「成長」を先導してきた西洋の価値観は、行き詰まりを迎えているのではないか。こうした問いに接するたびに、私は三つの違和感を覚える。

（1）そもそも「西洋の価値観」という括り自体が、西洋から東洋に注がれる偏向した視線（オリエンタリズム）の裏返しに近い乱暴なものだが、西洋には直線的な「成長」に対する懐疑の伝統がしっかりと存在する。今日でも、エネルギーや資源、交通、都市開発などに関する代替モデルの研究開発に最も熱心なのは、欧米の大学や財団、研究所、企業である。これまでの「近代」の弊害を自省し修正しようとする「再帰的」側面を無視して「西洋の行き詰まり」を説く論法は、左であれ右であれ、戦前の「近代の超克」論と大差ない。

（2）欧米の市井の人びとは、決して「成長」至上主義者ではない。私は大学院以降、欧米で一〇年近くを過ごし、二〇一三年にはフランス屈指のエリート養成機関であるパリ政治学院で客員教授を務めたが、身近な人間関係の機微に気を配り、おそらく昔とそう変わらぬ日常の暗黙知のなかに生き、質素で素朴な暮らしをしている人が大半だ。この点はアラスカ以外の全州を訪れた米国についてもほぼ同じ印象である。彼らは「西洋の価値観」の体現者ではないのだろうか。

（３）東日本大震災や福島第一原発事故以降、日本では近代文明を否定し、あたかも近代以前の共同体への回帰を志向するような論調が散見される。しかし、その具体像はあまりに情緒的で現実味を欠き、少なくとも欧米では――社交辞令としてはともかく――真剣に相手にされることはなかろう。かつて欧米では「未開民族」を「高貴なる野蛮人」とロマン化した時期があったが、それはあくまで文学の話であって、政策の話ではなかった。

「成長」を修正しようとしているのも近代である

こうした理由で私は「西洋の行き詰まり」論には与《くみ》しない。むしろ「再帰的近代」の可能性を信じており、それこそが理想的かつ現実的な選択だと考えている。近代には女性や有色人種、身障者などを排除し、環境に極度の負荷をかけながら「成長」に邁進した時期があったが、それを自省し修正しようとする試みを論理的・倫理的に後押ししているのも、また近代である。

もちろん、欧米社会が「再帰的近代」を完全に志向・体現しているわけではない。しかし、「西洋の行き詰まり」を一方的に断定し、前近代ないし反近代的な紐帯――原理主義的であれ相対主義的であれ――を憧憬することは危険ですらあると考える。私は最近、インドやベトナム、ウガンダなども訪れたが、これらの国々も前近代ないし反近代を志向しているとはとても思えなかった。

欧米社会を俯瞰していて、私がむしろ危惧するのは「消費者至上主義」とでもいうべき傾向、例えば、「低価格」こそは「正義」であるかのような風潮だ。それは往々にして、製造業に対する小売業の優位を意味し、「コスト削減」や「効率化」などの名目で、末端の生産者や労働者に過大な圧力を課すことになる。当然ながら、雇用は不安定となり、労働者の権利は蝕まれる。これは一九八〇年代以降の米国でとりわけ顕著になった傾向だが、グローバル化が進む今日、日本を含め、他の国とて無縁ではいられない。

例えば、エネルギーや資源の節約を本気で考えるならば、コンビニは二四時間営業を自粛すべきかもしれない。しかし、それは「お客（消費者）のため」という大義に反するし、企業としての「成長」も鈍化させてしまう。「消費者至上主義」のもとで直線的な「成長」への誘惑を断つことは容易ではない。

ただし、私たちの多くは「消費者」であると同時に「労働者」でもある。両者は本来的に不可分であり、どちらか一方の権利のみが偏重されることは不自然かつ不健全であろう。

価格やサービスのみを競うのではなく、高いレベルの賃金や雇用環境をも競い合うような仕掛けをどう構築すべきか。これこそが「西洋の価値観」を否定する前に、皆で知恵を出し合うべき問いではないだろうか。

渡辺 靖（わたなべ・やすし）
一九六七年生まれ。慶應義塾大学SFC教授。専攻は文化人類学、国際政治学。著書に『アフター・アメリカ――ボストニアンの軌跡と〈文化の政治学〉』（慶應義塾大学出版会）、『〈文化〉を捉え直す――カルチュラル・セキュリティの発想』（岩波新書）ほか。

第Ⅱ部　脱〈成長〉への道——豊かさの変容

「真の豊かさ」を測る指標とは？

西川　潤

日本をはじめ、従来の先進経済諸国は、二一世紀のポスト成長期に新しい経済社会発展のパラダイムをどう打ち立てるか、という課題に直面している。成熟経済時代には、成長はこの新しい発展課題の一部でしかない。

国連の場でも、二〇〇〇年総会で採択された「ミレニアム開発目標」（ＭＤＧｓ）で社会開発に関連して二〇一五年までに達成すべき諸目標を示したが、二〇一五年に国連総会で新しく設定された「持続可能な開発のための２０３０アジェンダ（２０３０アジェンダ）」では、二〇三〇年に向けた国際的な開発／発展目標として、持続可能性や「良い生活」など、新しい幸福概念が取り入れられた。

「人間の幸福」のための新たな指標

この間、世界経済ではリーマンショック等の金融恐慌、これに財政投入、金融超緩和などの手段で対処した政府の赤字財政、債務膨張という大きな危機が起こった。世界経済は、今まで成長を支えてきた「市場」「政府」のみに依存することはできない現実が明らかとなった。

すでに一九七〇年代、石油ショックの時期に、先進国クラブの経済協力開発機構（ＯＥＣＤ）では、ポスト成長期の新しい社会発展目標を設定すべく、社会開発指標の作成に乗り出していた。このころ、ヒマラヤ山間の小国ブータンでは、市場経済や隣接大国による併呑《へいどん》を免れるべく、「国民総幸福」（ＧＮＨ）という独自の発展アイデンティティーを提唱した。いずれも単に経済成長や国内総生産（ＧＤＰ）に囚われるのではない発展目標の設定である。

それから半世紀近くを経て、ＯＥＣＤでは、ポスト成長期の社会目標として「良い生活」（ウェルビーイング）という考え方を打ち出すに至った（スティグリッツほか著『暮らしの質を測る』邦訳：金融財政事情研究会刊）。「良い生活」には、所得、資産や住居など物質的な生活状態と、健康、教育、ワークライフバランス、環境、社会とのつながり、市民参加等「生活の質」の両方が含まれる。他方で、世界的な経済社会不安の中で人間の幸福に関する関心が高まり、二〇一二年四月には、ニューヨークで「良い生活と幸福に関する国連上級レベル会議」が開かれ、ブータン政府がこのテーマに関する報告をまとめた。これに基づいて、国連もコロンビア大学と協力して『世界幸福報告』（World Happiness Report, http://worldhappiness.report/）を毎年公刊し、新しい幸福指標を広めている。

日本でもＯＥＣＤの指針に従って、経済企画庁（当時）が「新国民生活指標」を「豊かさの指標」として公表した時期があったが、小泉純一郎内閣の新自由主義時代に消えてしまった。民主党内閣時に設けられた「幸福度に関する研究会」では国民幸福度に関する指標について試案が提示されたが、アベノミクスでの成長回帰で、これもお蔵入りとなった。

ポスト成長期における新たな社会発展のパラダイム

ブータンの幸福概念では、発展目標として「社会的幸福」を設定した。その達成は、個人と社会の自己変革によると考えられている。これは、ガンジー流または仏教の「個人が変わることから社会が変わる」

——両者はつながり合っている——というアジア的考え方に立っているようである。ブータン報告で印象的なのは、幸福とは単なる満足感ではなく、「心の平安」だという指摘である。人間は欲望を減らす（個人が変わる）ことにより、幸福を見いだすことができる。これは現代社会の消費主義とは真っ向から対立する「足るを知る」思想と言える。

また、この報告は、「良い生活」とは物的な生活基盤、心や感情の安らぎばかりでなく、「スピリチュアルな生き方」を含んでいると述べた。「スピリチュアルな生き方」とは、個人が単に個々に生きているのではなく、もっと大きな存在、神、宇宙の真理、コミュニティー、あるいは自然とのつながり、そのような自覚のなかで生きていくことと私自身は解釈した。「生きるということは生かされていること」の実感である。

このように、幸福には多様な概念があり、国際的にまとまった見解はない。だが、国連などの場で、ポスト成長期にふさわしい社会発展のパラダイムが模索されており、そこにブータンのようなアジア的思考が幸福論の一源泉として国際的に提示され始めている。このことはややもすると成長信仰に囚われがちで、そのために心の貧しさを露呈しがちな私たちが「真の豊かさ」とは何か、を考える際に大きな示唆となるのではないか。

西川潤（にしかわ・じゅん）
一九三六年生まれ。早稲田大学名誉教授。専門は国際経済学、開発経済学。著書に『新・世界経済入門』（岩波新書）、『人間のための経済学——開発と貧困を考える』（岩波書店）ほか。

第Ⅱ部　脱〈成長〉への道——工業化の限界

工業化の限界、経済転換で打破を

田中洋子

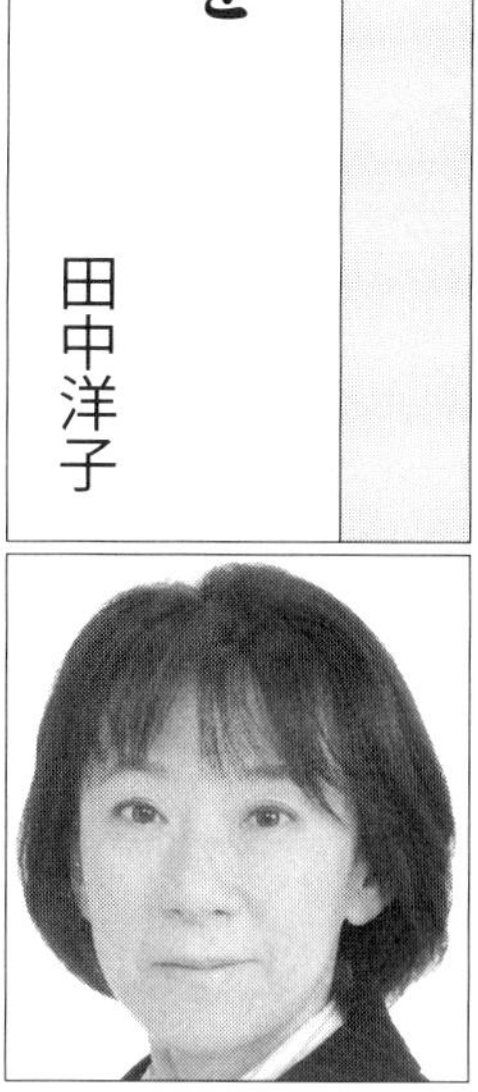

次の世紀の社会を、経済の歴史から考えてみよう。

一八〜一九世紀の産業革命以前、人々は山の木や川の水を利用し、生きていくための食べ物や着るもの、熱源を得るために時間を使っていた。農業、織物や市場向け副業、煮炊きや洗い物、子どもや病人の世話、家の修繕や地域のつきあいなどは、家族内の世代や男女で適宜分担された。技術力は限られていたが、さまざまな努力や工夫の中で、地域の自然条件のもと経済活動と世代の再生産とが一体化した形で存在していたといえる。

人類史のほとんどを占めるこうした生き方は、資本主義化に伴う工業化が広がると共に根本的に変わり始めた。豊かさや利益を求めて、機械化・自動化、標準化・マニュアル化が進み、効率性・生産性が追求された。もっと速く、もっと安く、もっと便利な商品の提供に企業はしのぎを削り、結果として消費者は、多くの製品やサービスに囲まれた便利な生活を送るようになった。現在この工業化の影響力は地球の隅々までを覆い尽くそうとしている。

しかしこうした発展は、決定的な歴史的限界に直面せざるをえない。逆説的だが、経済発展が大きく進んだ結果として、経済発展の基盤自体が脅かされる事態が進行しているからである。

三つの工業化の歴史的限界

第一の限界は地球の利用にある。工業化の原動力は、人類史上初の地球の埋蔵資源の大量利用にあった。しかし、安く取り出された石炭や石油、鉱物や帯水層等は、シェールガスで一息つくとしてもいずれ限界がくる。他方、工業化が地球規模で進む中で、温暖化による深刻な気象変動、大気汚染や放射能汚染の被害リスクはさらに高まる。埋蔵資源に依拠した便利で快適な生活のつけは、自らに降りかかるのである。

第二の限界はグローバルな格差利用にある。世界経済はグローバル化によって大きく発展してきた。その主な推進力は、発展段階の異なる途上国の格安な資源、安い労働力、人間性を軽視した労働環境の利用にあり、それが先進国の消費者に安い商品を届けることを可能にした。しかし、こうした方法にも限界がくる。中国での労働賃金上昇や争議増加に見られるように、各国の工業化とともに、経済格差を利用した発展は今後徐々に見込めなくなる。

第三の限界は、国内における次世代の再生産にある。経済発展のため、国内の安い雇用労働力は徹底的に利用されてきた。特に国際的なコスト競争の激化、情報処理速度の向上の中で、現場での仕事量の増大と長時間労働、安定的雇用の縮小と安くて取り換え可能な非正規労働への代替を通じ、働く場のきびしさが増している。利益に貢献しない者、足手まといになる者への嫌がらせ圧力も高まる。

しかし、こうしたやり方には限界がくる。なぜなら、次世代の社会経済の担い手の再生産が危うくなってしまうからである。その前の効率性や利益のために、過剰労働や非正規労働を通じて若い人々を使いつぶしたり、妊娠・出産・育児や介護・高齢・病気など誰もが直面しうる状況を厭うような企業は、社会や個人に負担を転嫁することで、労働力や少子高齢社会の担い手を摩耗させ、結果として自らが活動する社会の存立基盤を損なっている。

経済の枠組みの転換

こうした経済の枠組みを転換させる動きは、すでに二〇世紀末から多くの場所で進んでいる。太陽や風、バイオマスなどの自然エネルギーへの転換は着実に世界的に進みつつあり、その中で新しい雇用や人々のつながりも生まれている。途上国の労働環境は、労働組合や国際ＮＧＯ、国際機関のネットワークの活動の中で改善が試みられている。

日本を含む多くの国々で、仕事と育児や介護の両立も模索されている。例えばドイツでは、正社員の労働条件のままで労働時間を自由に短縮し、働く時間帯を個人や家族の都合で自由に決められる制度が定着してきた。育児や介護、趣味や副業など、人生の出来事や段階に合わせて個人の事情・希望と仕事を両立させ、かつ非正規労働を増やさない、人生志向型での労働時間の柔軟化が進んでいる。

工業化の波が二一世紀中に地球全体に達しようとする中、自然や、誰かの生活をひどい目にあわせることなく、社会経済が足元から持続的にまわっていく方向へ、経済全体の枠組みを転換できるか否かが、今世紀の大きな課題になるといえよう。

田中洋子（たなか・ようこ）
筑波大学大学院教授。専門は労働経済史。著書に『ドイツ企業社会の形成と変容——クルップにおける労働・生活・統治』（ミネルヴァ書房）ほか。

第Ⅱ部　脱〈成長〉への道——人間の成長

世界をタフに生き抜くために

青木　保

「成長の限界」が指摘されて久しい。それにもかかわらず「生産性第一」と「効率性第一」は、二一世紀のいまも人間の世界を支配し続ける。その様は生産性と効率性の暴虐と感じられることがある。

人がたとえ一時でも心や精神を慰め、日常の喧騒から解放され、人間存在の深さ、美しさに思いを凝らし、さらには何らかの創造的なヒントを得る契機ともなりうる文化の鑑賞やその施設の維持に対しても、生産性と効率性の暴虐が、「評価」「査定」という大義名分によって遺憾なく発揮されるのが現実なのだ。人間の精神や心を数量的基準によって「査定」する。この人間を退廃の極地に追い込もうとする「成長」の論理の限界は、もはや耐え切れないところまできているといってよいのではなかろうか。

人間の成長について

しかし、「脱成長」論には、どこかで大きな見落としがある。それは人間は成長をする、成長しなければならないという事実である。ここでいう人間の成長とは、生まれ落ちてから生きてゆく過程で人間として、また社会においてどのように成長してゆくのかという問いを発し、そのありようを示そうとすることである。それは現今の教育論や人間論を支配する科学的心理的な制度や組織論に見られる外形論ではない。ここでは古いといわれることは承知の上で、以前はよく読まれ論じられた「教養小説（ビルドゥングス・ロマン）」のことをあえて思い出そうと思う。

ゲーテの『ヴィルヘルム・マイスターの遍歴時代』に始まるこの文学の伝統には、ロマン・ロランの『ジャン・クリストフ』やロジェ・マルタン・デュ・ガールの『チボー家の人々』、トーマス・マンの『魔の山』、また下村湖人『次郎物語』など大ベストセラーが名を連ねる。いまこれらの教養小説を読む者はなかなかいない。だが、私には教養小説を読まなくなってから「効率」の暴虐に人間がさらされるようになった気がする。

人間の「成長」を見守るとはどういうことなのか。いま日本の現実の中で手元を見ると、たとえば東京から四国へ家出してきた一五歳の少年、田村カフカをめぐる物語が現われる。この小説、村上春樹氏の『海辺のカフカ』の最後の方で、カフカが出会った不思議な四国の図書館で働く大島さんという青年がいう。「君は成長したみたいだ」。

父親の金を持ち出して四国へ逃げ、そこでさまざまな経験を重ねる少年の遍歴譚。カフカは異界も現実も自然も超自然も境目のないような、得がたい経験をする。一応の区切りを感じたカフカは東京に戻ろう、逃げ回っていてもどこにも行けないと決心する。それに対する大島さんの答えが「成長したみたいだ」である。村上氏の長編小説の中で最も好きな作品である。

冒頭、「カラスと呼ばれる少年」がカフカに向かっていう。君はこれから世界で一番タフな一五歳の少年にならなくてはならない。そうする以外に君がこの世界を生きのびていく道はない。本当にタフであるのがどういうことなのか、君は自分で理解しなくてはならない。それを聞いてカフカは、一五歳の誕生日がやってきたとき家を出て、遠くの知らない町へ行った。この小説は現代日本の「成長物語」であり、カフカ少年の遍歴はこの効率性支配の時代にあって、心の成長を見守る目をもち、たとえ非効率な回り道であっても一見平凡な日常生活の些事を注意深く眺め、自然の奥に超自然を、現実の中に異界を感じる感性を養うことの大切さを示す。

いまこそ人間はタフにならねばならない

現在の日本にあって私は、日本の誇る「効率性」を否定するわけではない。鉄道の迅速と時間厳守をはじめ「効率」の美徳もまた重要である。だが一方、人の成長に対する鈍感さも目に余る。いま「脱成長」を論じるなら、カフカ少年の成長に目を向け、もう一度、人間が生きる、成長するとは何なのかを問いたい。「カラスと呼ばれる少年」がいうように、日本には、世界には、想像もできないような未知のものがいっぱいある。それも日常の些事と見過ごされるようなものの中に、と私は付け加えたいのだが。この世界を生き抜くために、いまこそ人間はタフにならねばならない。

青木保（あおき・たもつ）
一九三八年生まれ。大阪大学名誉教授、元文化庁長官、国立新美術館館長。専門は文化人類学。著書に『異文化理解』（岩波新書）、『多文化世界』（岩波新書）、『「文化力」の時代――二一世紀のアジアと日本』（岩波書店）ほか。

第Ⅱ部　脱〈成長〉への道——地域再生からの構築

日本救う若者のローカル志向

広井良典

ここ数年、ゼミの学生など若い世代を見ていて、「地域再生」や「ローカル」なものへの関心が確実に強まっているのを感じてきた。

たとえば、数年前に大学を卒業して東京の某大企業で働いていた男子の元ゼミ生から連絡があり、自分はやはり地元の活性化に関わっていきたいので、いまの会社を辞めて郷里（岐阜の高山）の地場産業の企業で働くことにしたという。前後して、大学を終えた後にイギリスの大学院に行き、帰国後は東京の会社で二年ほど働いていた女子の卒業生が、やはりそこを辞めて故郷の島根に戻って働くことになった。

これらはほんの例示にすぎず、似たような話は枚挙にいとまがない。深い問題意識をもっていたり、あるいは、もともとは海外やグローバルな話題に関心をもっていた若者の相当部分が、地域再生やローカルなコミュニティーに関することに大きな関心を向けるようになっている。

若者のローカル志向は覇気がないからか？

こうした若い世代の「ローカル志向」は、必ずしも私自身のまわりの限られた現象にとどまらないようだ。たとえばリクルート進学総研の調査では、二〇一四年大学に進学した者のうち四九％が、大学進学にあたり「地元に残りたい」と考えて志望校を選んでおり、この数字は四年前に比べて一〇ポイントも増えている。また文部科学省の二〇一四年度調査では、高校生の県外就職率は一七・九%で、二〇〇九年から四・〇ポイント下落している。さらに内閣府が二〇〇七年に一八〜二四歳の若者を対象に行なった調査では、今住む地域に永住したいと答えた人は四三・五%と、一九九八年の調査から一〇ポイント近く増えたという。

こうした若い世代の志向について、最近の若者は〝内向き〟になったとか、〝外〟に出ていく覇気がないといった批判がなされることがよくあるが、これほど的外れな意見はないと私は思っている。「貿易立国」の名のもと、「アメリカ—日本—アジア」「中央—地方」といった序列や枠組みでのみ物事を考えてきた結果が、現在の地域の疲弊や空洞化、あるいはコミュニティーの崩壊ではなかったか。以上のような若者の志向は、むしろ〝日本を救っていく〟新たな動きと見るべきであり、それに対する政策的な支援策こそが求められている。

ちなみに、実は日本の貿易依存率（GDPに占める輸出入の割合）は一〇%強で、多くの国が三〜四割である中で「低い」部類に入る。つまり日本はむしろ内需によって支えられている傾向の強い国なのであり、高度成長期を通じて「輸出立国神話」が作られたといっても過言ではない。

グローバル化の先のローカル化

ところで、では、そもそもなぜ以上のような若い世代の「ローカル志向」が高まっているのだろうか。これにはいくつかの理由があるが、もっとも根本的な背景は次の点にあると私は考えている。

すなわち高度成長期を中心に、拡大・成長の時代においては、工業化というベクトルを駆動因として世の中が「一つの方向」に向かって進み、その結果、各地域は〝進んでいる／遅れている〟という時間軸にそって位置づけられることになる（東京は進んでいる／地方は遅れている等など）。ところがポスト成長の時代においては、そもそもそうした一元的な時間座標が背景に退き、逆に各地域のもつ独自の個性や風土的多様性に人々の関心が向かうようになる。単純化していえば、時間軸よりも「空間軸」が前面に出る時代になっていくのである。

若い世代のローカル志向は、大きくはこうした構造変化によるものであり、言い換えれば、脱成長の時代とは「グローバル化の先のローカル化」が進んでいく時代であるということだ。

ただし同時に、3・11にも示されたように、大都市圏と地方、農村との間には不等価交換ともいうべき構造が存在しており、それを是正するための再分配（自然エネルギーの固定価格買い取り制度を含む）などローカル化を支援する政策が、いま求められている。

第Ⅲ部

〈核〉と人類

東日本大震災と原発事故は、
深刻な被害をもたらすとともに、
現代文明のあり方を根本から問いかけた。
将来は混沌としているが、
あえて21世紀末を見据え、
あるべき社会と人間について考えていきたい。
第Ⅲ部は〈核〉という難問に迫る。

第Ⅲ部　〈核〉と人類――討議

21世紀世界と〈核〉

加藤尚武×広井良典

加藤尚武

深刻な世代間の資源争奪――加藤尚武
今は第三の定常化の時代――広井良典

広井良典　人間の歴史は、拡大・成長する時期と定常化する時期とのサイクルを繰り返してきたと考えられます。定常化の時期は狩猟・採集社会と農耕社会、工業化社会の三段階があり、このサイクルは世界人口や世界各国の国内総生産（GDP）の増加の推移にも読み取れます。

　具体的には、約二〇万年前に人類が登場し、狩猟採集生活を行いながら拡大して、約五万年前に最初の定常化を迎えます。約一万年前には農耕社会が始まり、拡大して定常化する。ここ二〇〇～三〇〇年は近代化あるいは工業化社会が拡大し、今、それが定常化しつつあります。拡大期には人間と自然の関係、特にエネルギーの利用形態が変わるのに対し、定常期には人間の目が外よりも内側に向かい、文化的な発展が見られます。人類学でいう「心のビッグバン」、つまりラスコーやアルタミラの洞窟壁画のような芸術や装飾品が一気に出てくる時期は狩猟段階の拡大が成熟し、内的なものに意識が向かった結果と捉えられます。一方、農耕段階では紀元前5世紀ごろ、仏教や儒教、旧約思想などが一斉に現れた「枢軸の時代」

図表1　人類史における拡大・成長と定常化のサイクル

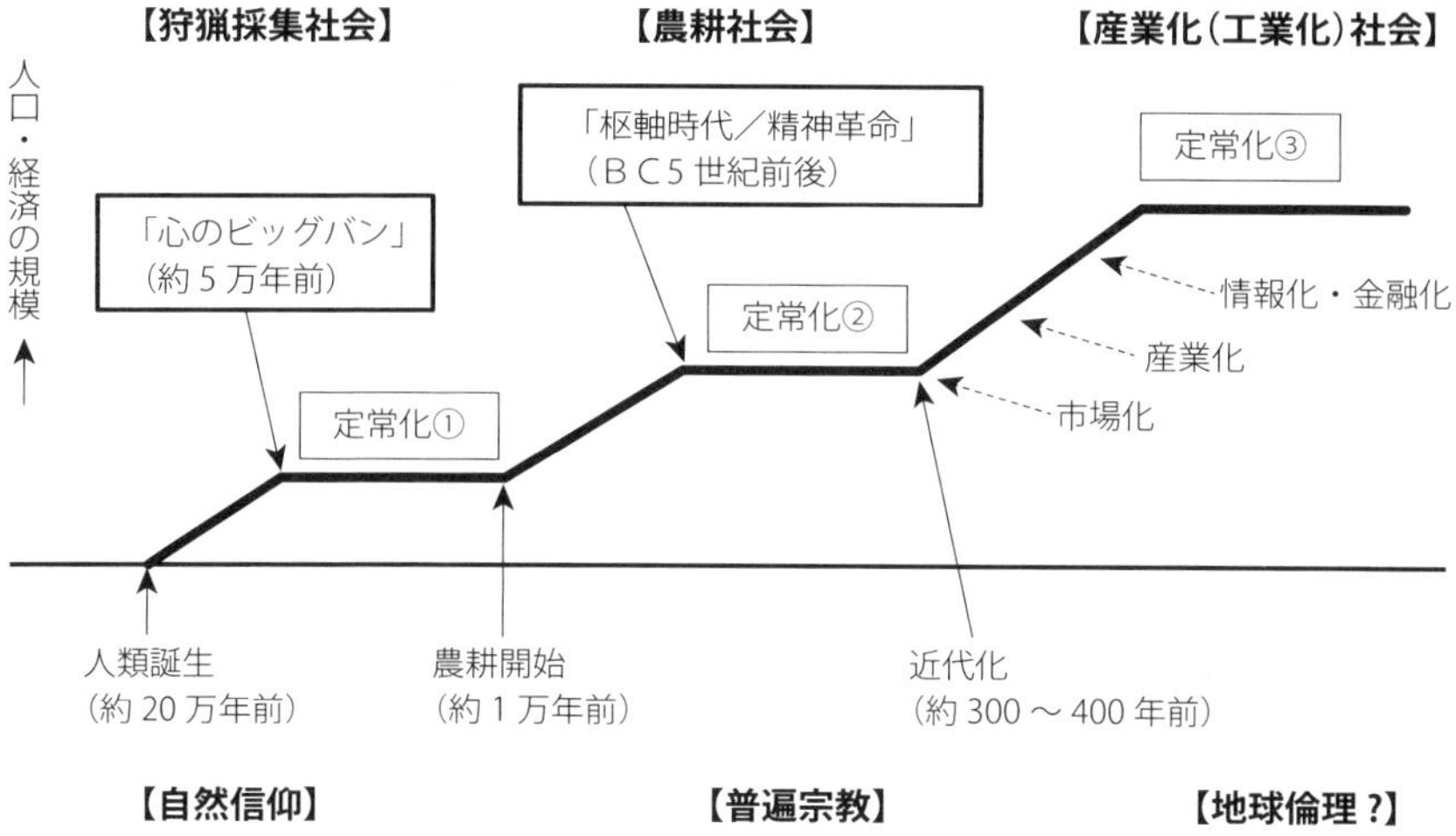

（ヤスパース）ないし精神革命（伊東俊太郎）がそれに当たります。

加藤尚武　最初の都市文明が成立する時代ですね。

広井　はい。都市文明が最初に起こったのは約五〇〇〇年前のメソポタミアで、派生的にエジプト、そしてインダス、黄河等と広がっていきますが、こうした都市の成立は農耕社会が拡大していった途上に生じた現象ですね。さらに農耕文明が大きくなる中で森林の枯渇や土地の浸食が当時起こっていたことがわかっており、そうした資源・環境制約に直面する中で先ほどの軸の時代ないし精神革命が生成したのではないかと私は考えています。そして、現在は工業化社会が成熟する時期として理解できると思います（図表1）。

加藤　農耕社会には持続可能性がありましたが、化石燃料に依存する今の社会は、そのまま続けるわけにはいきません。石炭も石油もシェールガスもメタンハイドレートも全部使い果たせば、燃料ゼロの地球が残り、世界の人口は維持できない。どうすれば定常化できるのか。浪費型文化の下での成長から持続可能性への転換を、人類が自覚的に行うかどうかは、現在のパラダイム転換の一番大きな問題でしょう。原子力の利用を続けたところで、やがてはウランも枯渇しますし、後には核廃棄物の処理の負担が残されます。

広井　二〇世紀に一六億から六〇億に増加した世界人口は、二一世紀半ばに一〇〇億弱となり、やがて二一〇〇年頃に収束するとの予測があります。日本の人口は明治以降急増しましたが、二〇〇五年に初めて減少に転じました。

加藤　同時に、日本の平均寿命は明治期の三七歳から、八〇歳を超えるまでに伸びました。

広井　今後は人口が急減し、二〇五〇年には一億人を割ると予測されていますが、ポジティブに考えられる面もある。人口減少もどこかで止まり、定常化する必要がありますが、社会全体として資源消費が減るのは悪いことではありません。

加藤　いわば駆け上る社会から足踏みする社会に変わる。そこで、どう落ち着きを保っていくかが課題になります。中国のような大国では、たとえ人口増加が止まったとしても、一人当たりのエネルギー消費が増え続ければ、資源をめぐる世界的な紛争要因になりかねません。

広井　富の分配の問題も、日本をはじめ近代化社会はパイの拡大によって解決していましたが、今や分配の原理が正面から問われるようになっています。

加藤　資源についていえば、化石燃料は現在世代が使えば使うほど、未来世代の使う分が減る。未来世代と現在世代の奪い合いの構造は大きな問題です。

学問の役割、総点検を——加藤尚武
求められる「地球倫理」——広井良典

広井　第Ⅲ部は「〈核〉と人類のゆくえ」がテーマですが、二〇世紀後半、原子力開発と冷戦構造は不可分に結び付いていました。ところが、日本で原発などの原子力利用と核の軍事利用の問題が分断されてきたのは戦後、経済成長に関心を集中させ、国際的なパワーポリティクスについては、米国の「核の傘」に収まることで考えずに済ませてきたためでしょう。

加藤　日本の原子力政策は、本当は核武装を望んでいた人たちの「平和利用という形で手を打っておけば、やがて核武装のチャンスが出てくるかもしれない」という下心の所産でした。国民向けにはあくまで平和利用という線で納得させておいて、実際には国家的威信に役立つという要素があった。だから、原子力産業は純粋に民間レベルで推進したのではなく、国が予算を重点的に配分し、専門研究者を育成した国策型産業でした。

広井　日本全体のエネルギー自給率は四％程度ですが、都道府県別では一〇％を超えているところがいくつかあります。トップの大分県は地熱発電の利用で二七％、二位は秋田県で二〇％、三位は水力発電が盛んな富山県で一八％です（倉阪秀史千葉大学教授の「永続地帯研究」二〇一四年版）。けっして楽観はできませんが、ローカルなところから積み上げてナショナル、グローバルへと進む方向に一つの可能性がある。これに対し、原子力は中央統合管理型で、二〇世紀型産業化技術の最後の象徴です。

加藤　少なくとも一〇〇年ぐらいの長い尺度で見ていかないと、良かれと思ってやっていることが将来はマイナスになる危険もある。資源の枯渇も、核廃棄物の問題もそうです。みんなが自由に自己利益を追求すれば全体としてうまくいくというのが自由主義経済の原理ですが、実際はチームに貢献した時に最も幸福や生きがいを感じるというほうが自然だと思います。

広井　「枢軸時代」の思想には、宇宙の中での人間の位置、個別の共同体を超えた普遍的な原理への志向がありました。それと対比すると、今後は普遍性とともに、各地域の風土に根差した自然観や世界観、文化の多様性の共存へ向かっていくと考えます。第三の定常化の時代に求められるのは、有限性や多様性を重視する「地球倫理」ではないでしょうか。そして時間軸を長く取れば、一見対立するように見える「環境」「福祉」「経済」の三者は、むしろ相乗効果をもつ関係にあるのではないか。

加藤　近代以降の人間は、世俗化した欲望中心社会の中で生き延びる方式を考えなければなりません。当面は、世代間の公平や弱者救済が課題になってきます。こうした事態に対し、学問がきちんと発言することも必要です。そういう意味で、学問の役割の総点検も、このシリーズに期待したいですね。

加藤尚武（かとう・ひさたけ）
一九三七年生まれ。京都大名誉教授。専門は倫理学。著書に『応用倫理学のすすめ』（丸善）、『戦争倫理学』（ちくま新書）、『新・環境倫理学のすすめ』（丸善）ほか。

第Ⅲ部 〈核〉と人類——核兵器をめぐる世界政治の展望

米中の拮抗と非国家の挑戦

梅本哲也

ソ連の崩壊をその数年前に言い当てた者は事実上いなかった。国際関係についての予想は、近い将来のことであってもなかなか難しい。

しかし、これから世界政治がどう展開するかに関して、いくつか手掛かりはある。一つは国家間における「力の移行」（パワー・トランジション）、今一つは国家から非国家主体への「力の放散」（パワー・ディフュージョン）である。いずれも経済のグローバル化や情報技術の進展によって加速するという。これらと核兵器とはどのように関係してくるのであろうか。

「力の移行」

冷戦期においては、米ソ間の核戦争を回避することが何よりも緊要と考えられた一方で、両超大国の保有する大量の核軍備が相互抑止の機能を通じて核戦争の生起を抑えるのに決定的に寄与していると捉えられた。米ソはまた、自らを基軸とする国際秩序の動揺を防ぐため、核不拡散に取り組むこととした。

米国のみを超大国とする冷戦後の世界では、米露間における核戦争の危険が大幅に低下すると同時に、核能力の拡散が進行し、核テロの脅威も増大した。それと並行して、特に米国においては、情報革命を基盤として非核戦力の革新が進んだことから、核兵器の役割を限定し、先進技術を体現する非核兵器に依拠した秩序を構築しようとする動きが現れた。オバマ大統領による「核兵器なき世界」の提唱も、その流れの中に位置づけることができる。他方、ロシア、中国などでは、米国の展開する非核戦力の威力を核軍備によって打ち消す動機が強まってきた。

「力の移行」をめぐってよく聞かれる筋書きは、今世紀の前半に中国の経済力（そして軍事力）が米国のそれと拮抗するに至り、後半にはインドが中国、米国を追い上げるというものである。当面、力を増大させつつある中国が、米国の主導する国際秩序の抜本的な改変に乗り出す可能性に関心が集まることになる。

かかる事態が生じた場合、核兵器による相互抑止が再び脚光を浴びることとなり得る。現在の米国では、米中間に世界の覇権を争う戦争は起こりそうにないとの見方も唱えられるが、その根拠としては、中国が実際には既存の秩序から多大の便益を得ているということに加えて、両国による核兵器の保有が挙げられるのが通例である。また、中国が米国と並んで秩序維持の責任を分有するようになった暁には、核不拡散で米国と協調する誘因も高まるであろう。

もちろん、それまでに核拡散が進み、どこかで小規模な核使用が行われている可能性も排除し得ない。また、米中間で核兵器による相互抑止が安定するという保証はない。その一方で、相互抑止が全面的に核兵器に依存し続けるとも限らない。不必要な破壊を伴わず、しかも敵に決定的な打撃を与えることのできる非核戦力が開発されるかも知れないからである。既に、米中は衛星に対する攻撃や電脳攻撃によって、互いの経済、社会に大きな損害を及ぼす能力を備えつつある。

「力の放散」

「力の放散」は、世界政治のより根本的な変化をともない得る。富の分配や資源、環境をめぐる問題がますます深刻となる中で、争点に応じて特定の個人や社会集団、あるいは巨大都市などの単位が、国家と影響力を競うことになるのである。そうした状況が定着するにつれ、核軍備を擁して国家が張り合うという姿は、次第に「時代錯誤」と映るようになるかもしれない。

ただ、一部の非国家主体（当面はテロ集団など）は核能力を追求し続けるであろうし、それが成功した際には、国家はいよいよ重大な挑戦を受けるであろう。他方、そうした危険が強く意識され、国家が従来以上に核不拡散への努力を傾けるという展開もあり得よう。

以上に述べた展望は、経済のグローバル化や情報技術の進展が続くことを前提としたものである。ところが、そうした前提が大きく崩れる場合がある。それは、何らかの原因で大規模な核戦争が現実のものとなり、自然環境、社会条件の激変によって世界的に生産や交易が極度に縮小するといった状況である。このような事態を避けるための手立てが、西暦二一〇〇年に至るどの時点においても優先されるべきことは明らかであろう。

梅本哲也（うめもと・てつや）
一九五三年生まれ。静岡県立大学国際関係学部教授。専攻、国際政治学、安全保障論。著書に『核兵器と国際政治 1945―1995』（日本国際問題研究所）、『アメリカの世界戦略と国際秩序――覇権、核兵器、RMA』（ミネルヴァ書房）ほか。

第Ⅲ部　〈核〉と人類――原爆と原発の間

「自前の科学」を取り戻せるか

武田　徹

ロバート・キャパと第五福竜丸

戦争写真家ロバート・キャパ（一九一三～五四年）が、一九五四年四月に静岡県焼津で撮った作品を観たことがある。初老の男性が孫のような年齢の赤子をおぶった、ほのぼのとした写真なのだが、その変哲のなさが逆に強い印象を残した。

その時、キャパは水爆実験で被曝し、ひと月前に帰港していた第五福竜丸を撮影しようと焼津を訪ねていたのだ。だが、係留されていた船に彼は関心をほとんど示さず、結局、魚市場で数カットの人物撮影をしただけで帰ってしまったらしい。

そんなキャパの気持ちが分かるような気もするのだ。たとえば彼が取材に持参したカメラはノブを回転させてフィルムを1枚ずつ巻き上げるもの。今ならアンティークの部類に入るカメラが現役だった時代に水爆は開発された。その事実を知ると原子力が当時の水準から大きく突出していた技術であることを改めて思う。キャパだけでない、ほとんどの人にとって原子力は日常からかけ離れ過ぎて、実感の及ばぬものだったのかもしれない。

核兵器と原子力平和利用の距離

核兵器と原子力平和利用の距離を日本人の多くが見誤った背景にもそうした理解の困難があったのか――。第五福竜丸事件は原水爆廃絶を求める大きな市民運動のうねりを導いたが、同時期に原子力平和利用への期待も高まっている。核の力への怖れが原子力平和利用の可能性への期待に変換される構図が作られ、原水爆反対は原子力平和利用と「共存していただけでなく、互いが互いの駆動力となっていた」（山本昭宏『核エネルギー言説の戦後史 1945～1960』人文書院）のだ。

こうした流れの中で、一九五五年一〇月に左右派分裂に終止符を打った社会党と、やや遅れて保守合同で成立した自由民主党が共に「原子力の平和利用」を政策に謳《うた》うに至る。護憲と改憲で二大政党が対立する構図を五五年体制は確立したが、原子力においては原発と原爆の間に一線を画し、安全性と危険性をそれぞれに振り分ける二分法を両党とも支持した。こうした挙国一致体制の中で米国従属の日米原子力協定と、「民主・自主・独立」を主張する原子力基本法という矛盾する法制度が同時に可決承認され、原子力を巡る構図を複雑怪奇なものにしたり、二分法を温床として原発の安全神話が作られたりしたことを思えば、原子力受容の黎明《れいめい》期の方向づけの影響は実に甚大だったと言えよう

ただ当時の状況には学ぶべきこともある。第五福竜丸事件後の原水爆反対運動は「科学と科学者を排除することがなかった」という（山崎正勝『日本の核開発 1939～1955』績文堂）。原子力の理解が困難だったせいもあったのか、実際、科学者が発言を求められる機会も多く、その中には原子炉が爆発する危険性をいち早く予言していた科学研究所主任研究員・杉本朝雄も含まれていた（『科学』一九五四年五月号）。原爆と原発の連続性を意識させて歴史を変えていたかもしれない彼の見解が、原子力平和利用を急ぎ求める声にかき消されてしまったのは残念だった。

　それは３・11後の状況と対照的でもある。福島第一原発事故は、被曝への過剰な恐怖に駆られる人を増加させた。彼らはキャパの時代よりもはるかに充実したはずの放射線医学の成果を踏まえたり、科学者の見解に耳を傾けようとはしない。原発事故を起こした元凶として「科学それ自体」を拒絶し、遠ざけようとしている。

科学技術を正しく利用できる社会を作る

　そうした科学排除の姿勢は、しかし、結果的に「『核』なき社会」の実現をも遠ざけてしまうだろう。もしも脱原発を望むのであれば、安全な被曝管理や最終処分の技術確立は必須だ。そうした技術が「『核』のある社会」の持続にも役立ってしまうところが厄介だが、科学技術それ自体には善も悪もない。
　科学技術を正しく利用できる社会を作るためには、信頼回復に向けた科学者コミュニティーの自助努力も必要だが、市民社会の側も善悪の彼岸に位置する科学の在り方を理解し、今度こそ、その利用法の是非を検証できる科学的な判断力を自ら身に着けるべきだろう。故・高木仁三郎の言葉を借りれば、必要なのは社会が「自前の科学」を取り戻すことであり、科学を遠ざけることではないのだ。

武田徹（たけだ・とおる）
一九五八年生まれ。評論家、ジャーナリスト。恵泉女学園大学人間社会学部教授なども務める。著書に『私たちはこうして「原発大国」を選んだ』（中公新書ラクレ）、『原発報道とメディア』（講談社現代新書）、『原発論議はなぜ不毛なのか』（中公新書ラクレ）ほか。

第Ⅲ部　〈核〉と人類――専門知とメディア

市民が考え選択する文化へ

藤垣裕子

日本は一〇〇年後にどういう国になっていたいか？　この問いをもとに、専門知とメディアについて考えてみよう。

第一に、一〇〇年後のリスク（危機情報）コミュニケーションはどうあるべきだろうか。日本は長年「科学技術立国」を謳《うた》ってきたが、リスクコミュニケーションにおいては、世界に誇れる国ではない。二〇一一年の福島での事故は、民主主義国家でおこった未曽有のレベルの原子力発電所事故である。チェルノブイリは社会主義体制下でおこった事故であることを考慮すれば、今回の事故後の情報流通が民主主義国家として胸を張れるものであったか、反省が必要であろう。

たとえば、大震災以後の事故情報について、海外からは「日本政府はDis-Organized Knowledge（無秩序な知識）を出し続けた」と批判されているが、そもそも秩序だった（Organized）知識とは何だろうか。日本学術会議は「専門家として統一見解を出すように」という声明を出したが、この場合の「統一」はunique、あるいはunifiedと訳される。ただ一つに定まる（unique）知識、あるいは異なる見解を統一（unified）することは、Organizedであることとは異なる。時々刻々と状況が変化する原子力発電所事故の安全性に関する事実を1カ所に集め、幅があっても偏りのない、安全側にのみ偏っているのではない知識を発信することが、organized な知識であろう。

科学者の情報提供と市民の選択

情報発信をめぐる問題は、科学者の責任に関して新たな課題を提示する。心配させないように情報を出すのが科学者の責任か。そして、行動指針となる一つの統一見解を出すのが責任か、それとも幅のある助言をして、あとは市民に選択してもらうのが責任だろうか。

この問いは、第二に、不確実事象のメディア報道および科学教育のありかたとつながってくる。科学者が「幅のある助言をして、あとは市民に選択してもらう」文化を育てるためには、まずメディアが科学者や行政に対してイエスかノーか、あるいは白か黒かという回答を迫る傾向を修正しなければならない。行政およびメディアがいままで、一つの行動指針をめざすことにあまりにこだわり、「市民が自分で考え行動する文化」の進展を拒んできた傾向がある。

また、科学教育が「理科の問題の答えはただひとつに定まる」という教育をしてきたことも問題だろう。もちろん一つに定まるものもあるが、なかには科学者にも答えが出せず不確実性が残っているにもかかわらず、社会での意思決定が必要な課題もある。イギリスの理科の教科書では、「科学者の間で意見が異なることもあること」「科学者が正しいとする答えも探求がすすめばいずれ書き換えられる可能性もあること」を教え、そのうえで市民が自ら考える素養を教えている。一〇〇年後の日本社会で、科学者が「幅のある助言をして、あとは市民に選択してもらう」文化を築くには、メディアも科学教育も変わっていく必要がある。

「未来のために記録を残す」

第三に、アーカイブの問題である。日本は「未来のために記録を残す」のが苦手な国である。たとえばフランスでは、技術者教育のカリキュラムのなかの数学の役割は知性の鍛錬か工学実践かについての議論が、約二〇〇年前の一八一二年九月二七日の教育委員会で行われていたことを、我々はいまでもエコール・ポリテクニークの図書館のアーカイブで入手することができる。異なる意見を闘わせた議論のプロセスの痕跡は、後に検証するために残すことが必要である。

東日本大震災後のいままでの事故分析の蓄積は、一〇〇年後の歴史の検証に堪えられるだろうか。また最近新聞各紙をにぎわせている大学の入学時期や教育システム変革の議論は、一〇〇年後の歴史の検証に堪えられるだろうか。密室で統一した一つの見解を決め、その議論のプロセスを残さないのでは、システム変革の試行錯誤を未来世代が検証することができない。徹底した記録の保持、検証……の繰り返しが、一〇〇年後のよい社会をつくるうえで大切になるだろう。

藤垣裕子（ふじがき・ゆうこ）
一九六二年生まれ。東京大学教授。専攻：科学技術社会論、科学計量学。著書に『専門知と公共性——科学技術社会論の構築へ向けて』（東京大学出版会）ほか。

第Ⅲ部　〈核〉と人類――冷戦と科学技術

冷戦由来の科学技術を超えて

米本昌平

二一世紀文明を見晴るかそうとするとき、その出発点において、日本の議論にはある種の偏りがあることに、まず気づくべきであろう。二〇世紀後半の世界の形を決定づけた冷戦、とくにそのハード部分である巨大な科学技術の集塊――核兵器体系を客観視できていないことがそれである。あえて言えば、日本の受け止め方はヒロシマ・ナガサキの体験が中心に据えられ、第五福竜丸事件でさらに凶暴な水爆実験に巻きこまれたことを除けば、核兵器体系全体のドス黒さを正面に見据えて議論することをしてこなかった。

二〇世紀は「アメリカの世紀」といわれるが、科学技術の開発動機という面では、その前半と後半はまったく異質である。二〇世紀に入る直前、すでにアメリカの工業出荷額は世界一となっていた。しかし周囲に強国がなかったため、この工業力を耐久消費財の開発に向けたのである。その典型が、貴族の道楽であった自動車を、個人が購入可能な耐久消費財にコンセプトを変えて売り出したことである。これによって個人の消費欲に火がつき、アメリカに史上初めて大衆消費社会が出現する。

冷戦と軍事技術の発達

だが、太平洋戦争ではいきなり真珠湾攻撃を受け、アメリカはその初期から戦争当事国となった。この直前にルーズベルト大統領は、国家防衛研究委員会を置き、戦時科学動員を本格化させた。大戦中、この委員会はレーダー・潜水艦・核兵器などほとんどの戦時研究を手がけたが、開発目標を設定し、大規模な資金投入によってその実現に向けて邁進《まいしん》するという戦時体験が、その後のアメリカ型研究開発の原型となった。

戦後、休む間もなく冷戦が確定したため、アメリカは一九四一年の真珠湾攻撃から、九一年のソ連崩壊までのちょうど半世紀間、「五〇年戦争」を戦ってきたことになる。冷戦とは平時でありながら、核兵器の開発と配備のために走り続けなければならない過酷な時代であった。

核兵器の小型化には膨大なシミュレーション計算が必要で、高性能コンピューターの開発は必須である。そもそも核兵器はその破壊力ゆえに厳格にコントロールする必要があり、相手国に対する偵察も不可欠である。つまり冷戦とは、地球全体を覆う巨大同時通信システムを構築することと、ほぼ同義であった。伝統的なプラグマティズムが、一転して国防目的に向けられた結果、地球を数十回丸焼けにできる数万発の核弾頭が配備され、非常に高度な通信インフラが構築されたのである。人類史上、異常な時代であった。

この事態の出現は、アメリカの統治構造にも原因の一端がある。もともと連邦政府は、自由州がイギリスから独立するために作った暫定組織であり、憲法上、税と軍事と外交しか権限はない。アメリカ大統領は内政には意外なほど力がないのだ。逆にそのため、不況時には唯一の公共部門である軍事費を膨らませて世界最強の軍需産業を育て上げ、そこからのスピンオフ効果で、弱電・通信・航空機などの民生部門が育つという、たいへん迂遠《うえん》な産業政策をとってきたと見てよいのである。

冷戦の遺産で支えられている二一世紀の生活

ところが一九八九年秋、突然、ベルリンの壁が崩壊した。そのため、それまで構築してきた軍事インフラからその凶暴性を拭いとり、社会にとっても有用であることを示すのが至上命題となった。その好例が、空軍が運用するＧＰＳ（全地球測位システム）の利用拡大だが、新産業の創出という点では、国防総省の先端研究計画局が資金を出したインターネットの開発と、その民生開放に比するものはない。ともかく現在の生活が、冷戦遺産に強く支えられたものであることを自覚すべきなのだ。

悲しいかな、人間には底知れぬ恐怖を感じたとき、効果的に科学技術を動員する習性がある。技術を組織的に国防に動員するのが近代であったとしたら、これを過剰に実現させてしまった冷戦時代は「超近代」と呼ぶのがふさわしい。

二一世紀に生きるわれわれには、人類共通の課題としての、新しい脅威の形を見定める、深い洞察力が不可欠なのだ。

米本昌平（よねもと・しょうへい）
一九四六年生まれ。総合研究大学院大学教授。専攻：科学史・科学論、生命倫理、地球環境問題。著書に『地球環境問題とは何か』岩波新書、『バイオポリティクス』（中公新書）ほか。

第Ⅲ部　〈核〉と人類――ポスト核抑止

ポスト核抑止の安全保障概念を

米本昌平

冷戦時代が「超近代」の名に値するのは、なにも核兵器の配備だけが理由なのではない。確かに、最悪時、米ソ両陣営あわせて六万九〇〇〇発の核弾頭を配備し、睨《にら》み合う異様な光景が出現したのは、これに向けて非合理なほど合理主義が動員されたからに他ならない。だが、非合理なほどの合理主義の席巻は、核兵器というハード部門だけではなかった。これを運用するソフト部門も同様であった。

冷戦の初期、アメリカのエリートたちは極端な合理主義を信奉し、眼前の事態をそのまま受け容れた上で、これを運用するためのさまざまな理論を案出した。しかもその上澄み部分は、現在の思考様式に強い影響を及ぼしている。それを象徴するのが、世界初の本格的シンクタンク、「ランド研究所」である。

核による恐怖の均衡論とランド研究所

第二次世界大戦が終結するやいなや、カリフォルニア州に、アメリカ空軍を唯一のクライアントとする民間の研究機関、ランド研究所が誕生した。大学付属研究所のようなこのシンクタンクは、核兵器・ミサイル・軍事衛星などからなる壮大な冷戦装置を運用する基礎理論を次々まとめあげた。核戦略論と呼ばれる一連の研究である。

冷戦時代、大陸間弾道ミサイルによる核攻撃に対して防御手段はないと考えられたから、その対抗手段として、もし敵が先制攻撃をしかけても、数倍の報復を与えるだけの反撃能力を保持しておく必要があった。伝統的な軍事理論には攻撃と防御の概念しかなかった。そこで、核兵器による威圧を議論するために考え出されたのが核抑止論である。これを具体的な政策論に焼き直してみせたのが、マクナマラ国防長官（当時）の「相互確証破壊」であった。要するに、核による恐怖の均衡論である。

核戦略論の基本にあるのは、あらゆる要素を抽出して数値化し、すべての可能性を計算しつくすという態度である。ランド研究所は、この思考方法を多様な社会現象にもあてはめ、理論化し、政策論の基礎とした。ゲーム理論、合理的選択論、フェイルセーフ、システム分析などその成果を挙げればきりがない。特筆すべきは、経済の領域で数理論化を徹底的に試みたことである。その結果、ランド研究所の関係者からノーベル経済学賞の受賞者が輩出した。

核戦争の脅威から温暖化の脅威へ

社会的課題を前に、利用可能な資源をその対策にむけて徹頭徹尾合理的に組み立てるという、当然とも見えるこの態度の根源には、全面核戦争の脅威という底知れぬ不安があった。だが一九八九年一一月、ベルリンの壁が崩れたことで、核戦争の恐れは大幅に後退し、冷戦体制の大半が無用の長物と映る事態となった。意外なことに、ここに国連気候変動枠組み条約（温暖化条約）成立の一因がある。

米ソ核対決を前提に組み立てられてきた国際政治に突然、脅威の空隙《くうげき》が生じ、国際政治はその生理として、この空隙を埋める新たな「脅威」が必要となった。こうして急遽《きゅうきょ》、外交の主要課題として認知され始めたのが温暖化問題なのである。

考えてみると、核戦争の脅威と温暖化の脅威とは似ている面がある。第一に地球レベルの脅威である、第二に各国の経済政策と深く連動している、第三に脅威の実態の確認が困難である。もちろん両者には違いもある。その一つが脅威の質である。冷戦時代、核戦争の脅威が過剰に見積もられた結果、後世には大量の核弾頭と核廃棄物が残された。他方、温暖化の脅威を少々大きく見積もったとしても、後世に残るのは、省エネ・公害防止の研究と投資である。なんと幸いな脅威であろう。

そして日本は東日本大震災に見舞われた。実は地震研究が飛躍的に進んだのは、地下核実験監視の目的で、高精度の地震観測網が張り巡らされて以降である。先進国のなかで、首都を含め国全体が地震の多発地帯の上にあるのは日本だけである。

国家の第一の使命が、国民の生命財産を守ることであるのなら、戦争を主軸に置いた狭義の安全保障概念を拡大し、数百年の単位で到来する温暖化と巨大地震・巨大津波を脅威の内に繰り込んだ文明の設計とその実現に、全知性を傾けること、それがポスト震災に生きるわれわれに与えられた課題なのである。

米本昌平（よねもと・しょうへい）

一九四六年生まれ。総合研究大学院大学教授。専攻：科学史・科学論、生命倫理、地球環境問題。著書に『地球環境問題とは何か』岩波新書、『バイオポリティクス』（中公新書）ほか。

第Ⅲ部　〈核〉と人類——エネルギー移行工程を組む

残り続ける「核の墓場」

吉岡　斉

二〇一一年三月に発生した福島原発事故を契機として、日本では脱原発の推進が国民の多数意見となった。当時の総理大臣だった菅直人氏が同年七月に「脱原発依存」を唱えたことが、脱原発を語ることへの国民の強い忌避感を取り除き、世論の地滑り的変化の発端となった。二〇一二年一二月の衆院総選挙で民主党が大敗し、自民党政権が復活した。だが、それを境に国民世論の「脱原発離れ」が起きたわけではない。そのことは、最近の種々の世論調査で昨年度と同様の、原発に厳しい数字が出ていることによっても裏付けられる。

安倍晋三政権は日本の原子力発電の復活を目指しているが、活路を開くのは容易ではない。原子力規制委員会が二〇一三年七月に新規制基準を導入し、日本全国の原子炉が一基また一基と、新基準に適合するとのお墨付きを得ているが、周辺地域住民が同意しない限り、再稼働は実現しない。三〇キロ圏内の全ての市町村や都道府県、さらにはより遠方の市町村や都道府県の意向も、尊重せねばならない。ごり押しは政治家や首長にとって致命傷となる。

そのハードルを越えられず、多くの原子炉が際限のない停止期間をへて五月雨式に廃炉となるだろう。再稼働までこぎ着ける原子炉は既設炉の半数を大幅に下回るかも知れない。原子力施設の設置や運転に関してひとたび膠着《こうちゃく》状態が生ずれば、政治・行政権力がいかに事態打開に力を注いだとしても、一歩も先に進めなくなる。高レベル放射性廃棄物処分施設の立地地点探しはその好例である。

脱原発の実現性

日本の原子力発電は、衰退への坂道を下り始めた。再稼働によって生き延びる原子炉が少数にとどまる一方で、原子炉の新増設がストップすれば、遠からず原発ゼロ社会に至る。原子力発電は過酷事故リスクや再処理・最終処分コストなど、いくつもの重大な経営上の難点を抱えており、政府の強い統制と手厚い保護・支援がなければ、電力会社が原子炉の新増設を決断することはあり得ない。

原子力発電が日本の一次エネルギー総供給量に占めるシェアは、福島事故以前は一〇％程度にとどまり、事故以後は大幅に下がった。そのシェアは再稼働が一定程度進んでも五％を超えないだろう。その程度の供給量の代替は簡単である。たとえば今後、年率一％で日本のエネルギー消費の自然減が進めばわずか五年でまかなえる。省エネルギーや再生可能エネルギーに頼らずとも脱原発は実現できる。徹底的な省エネや再生可能エネルギーの大幅拡大はきわめて重要な課題であるが、その推進目的は化石燃料、とりわけ二酸化炭素排出量が格段に多い石炭の消費削減に置くのがよい。

「核の墓場」は二一〇〇年も生き続けている

さて、原発ゼロ社会が実現しても、原子力開発利用の負の遺産（債務）を、日本人は容易に弁済できそうにない。本書のテーマである二一〇〇年まで、あと八四年もある。それまでに現在生きている人のほとんどが死ぬ。だが、やや逆説的な表現になるが、「核の墓場」は二一〇〇年においても生き続ける。ここで「核の墓場」とは、恒久的な処分施設・貯蔵施設だけでなく、核物質の暫定的な貯蔵所、寿命を終えた核施設の廃虚、核物質に汚染された広大な大地、なども含む。

とりわけ深刻なのは、福島原発事故の遺産である。事故後五年あまりが経過したが、メルトダウンを起こした1・2・3号機の圧力容器・格納容器の損傷部分を塞ぎ冷却水を満たす見通しさえない。またそれが実現しても、核燃料デブリ（残骸）を完全に回収できないため、原子炉が解体・撤去されずに放置されるおそれが濃厚である。汚染地域の除染も、一部にとどまるおそれが濃厚である。その基本的原因は核物質が「消せない火」、つまり無間《むげん》地獄のように半永久的に放射線を放出し続ける物質であるためである。

それに加え、今後、日本の財政事情がますます悪化し、処理・処分コストを支払えなくなるという事情もある。核施設の平常運転で蓄積された核廃棄物も同様の運命をたどる。「金の切れ目が処理・処分の切れ目」となり、日本全国至る所に「核の墓場」が立ち並ぶのである。このような未来社会を招来させないために、私たちは知恵を絞る必要がある。

吉岡 斉（よしおか・ひとし）

一九五三年生まれ。九州大学教授、専門は科学史、科学技術政策。福島原子力発電所における事故調査・検証委員会（政府事故調）委員。著書に『原子力の社会史』（朝日選書）、『叢書 社会と震災――脱原子力国家への道』（岩波書店）ほか。

第Ⅲ部　〈核〉と人類――原子力イメージの転換

人権優先の「世界共和国」へ

加藤哲郎

二〇世紀は原子力の世紀だった。二一世紀が「核」なき社会になるかどうかは、世界的な核軍縮・廃絶と脱原発の程度で測られる。

H・G・ウェルズの警告

いまから一〇〇年以上前の一九一三年に、「原子爆弾」「原子エネルギー」がSF（サイエンス・フィクション）として生まれた。命名者はイギリスの作家H・G・ウェルズ。生物学者で、ウェッブ夫妻のフェビアン協会に拠る漸進社会主義者でもあった。すでに『透明人間』『宇宙戦争』などで知られていたが、第一次世界大戦前夜に『解放された世界』を書き、核兵器と核エネルギーを登場させた。

『解放された世界』では、原爆の前に産業利用がある。原子力発電・エンジンで世界の富は飛躍的に拡大するが、他方で石炭・石油等による旧式産業を壊滅させ、大量失業と貧富の格差を生む。大国間開発競争から世界戦争になり、原爆が使われる。絶滅兵器の出現でようやく人類はめざめ、科学技術を管理する「世界共和国」をつくる。つまり原子力産業利用→世界格差社会→原子戦争→世界共和国という恒久平和の物語だった。原爆の廃虚には長期の放射能汚染も描かれた。翌一九一四年、現実の世界大戦が始まった。

ウェルズに示唆を受け原子爆弾を実現させたのが、ユダヤ系ハンガリー人物理学者レオ・シラードだった。シラードは『解放された世界』を読み「現在の物理学上の諸発見の工業的応用に関する限りは、作家の予見が科学者の予見より正確である」と述べ、一九三三年に核連鎖反応を理論化した。ナチスの政権掌握でドイツから亡命し、ヒトラーから文明を守るため、第二次大戦開始時にアインシュタインを通じてルーズベルト大統領に原爆製造を提案。米英政府によるマンハッタン計画、広島・長崎への原爆投下を導く。シラード自身はドイツ敗戦後の日本への原爆使用に反対したが、すでに巨大な軍産学システムになった核開発を止められなかった。同じ頃、ウェルズは、国際連盟から国際連合へという「人権宣言」の普遍化に期待をかけた。しかし、核技術と核兵器を軍事利用として独占したアメリカは、トルーマンの原爆投下声明で産業利用の可能性を示唆。核は軍事的抑止力と産業エネルギーとして冷戦下「平時利用」に突入した。

SFの警告に応えるために

日本にもウェルズは早くから紹介されていた。一九二〇年、雑誌『新青年』の岩下孤舟「世界の最大秘密」では、アメリカまで放射線を飛ばす原爆の威力と、貧困解消・家庭電化の「原子的家庭」が夢見られた。原爆による戦局「一発逆転」は、一九四五年一月八日『朝日新聞』の湯川秀樹「科学者新春の夢」などで語られた。「原子的家庭」の方は、終戦直後の「科学技術立国」、仁科芳雄・武谷三男ら「専門家」の「平和利用」解説に受け継がれた。それが占領期に「風邪にピカドン」の家庭常備薬や「鉄腕アトム」に化身し、一九五四年以降の原発導入、高度経済成長の前提となる。ビキニ被爆以後は「原水爆反対、だからこそ平和利用」のスタンスで、地震列島に原発が林立しフクシマの悲劇を迎えた。

しかし日本にもウェルズの「世界共和国」「人権宣言」を受け、核に反対する論理が戦前から生まれていた。日本ＳＦの草分け海野十三は、一九二七年の短編「放送された遺言」で、核開発は神への冒瀆《ぼうとく》ではないか、巨大エネルギーを安全に統御する力は人類にあるかと問題提起した。「ヒバクシャ」森瀧市郎や後に原子力資料情報室代表になる「専門家」高木仁三郎らが「核と人類が共存できない」と気づくのは七〇年代、沖縄核密約と福島原発稼働の時期であった。

「核」なき社会とは、ウェルズ風にいえば核兵器も原発も必要としない人権・生存権本位の世界秩序である。ＳＦの警告に応えるためには、ウラン採掘から廃炉作業まで被曝労働をなくすこと、巨大リスクの産学官システムと化した製造装置の解体、膨大に蓄積された放射性廃棄物処理が必要とされる。核廃絶と脱原発は「世界共和国」への長くて困難な道である。ヒロシマからビキニを経てフクシマを体験した被爆・被曝国日本は、「未来世代への暴力」を断ちきり、人権優先社会、自然との共存可能性を示さねばならない。

加藤哲郎（かとう・てつろう）
一九四七年生まれ。一橋大学名誉教授。専攻：政治学。著書に『情報戦と現代史――日本国憲法へのもうひとつの道』（花伝社）、『日本の社会主義――原爆反対・原発推進の論理』（岩波現代全書）ほか。

第Ⅳ部

新しい倫理

第Ⅳ部は、転換期の人類に求められる倫理を問う。
現代人は、民主化の進行と市場経済、
科学技術の発展に見合った人間観や自然観・世界観を
必ずしも確立できていない。
21 世紀末までの長い時間の経過は
人々の生活や感覚を変えていくが、
その中で見失ってはならない生き方の根拠とは何か？
文明史的な広い視野から考えていきたい。

第Ⅳ部　新しい倫理――討議

変容の時代における倫理

伊東俊太郎×広井良典

伊東俊太郎

非暴力・共生・格差解消を――伊東俊太郎
科学と経済社会の関わりに目を――広井良典

伊東俊太郎　ＳＴＡＰ細胞の問題で、科学の倫理が問われました。最近こうした科学に関する不正・不適切行為が、日本だけでなく世界各地で相次いで報じられています。背景には、科学者が真理の探究よりも競争に向かってしまったことがあり、このままでは科学研究が内部崩壊する危険すらあります。科学倫理のルールの設定・順守が要請されるとともに、科学者の教育に力を入れる必要があると思います。

広井良典　近代科学には三段階あって、まず一七世紀に科学革命が起きます。この頃はある意味でアマチュア的・職人芸的な科学でしたが、一九世紀に入ると大学や企業の研究所が次々とでき、科学の制度化が進みます。

さらに二〇世紀には第二次世界大戦を契機として国家が積極的に科学への投資を行い、科学の目標が国家目標である経済成長と結びつきました。その結果、真理の探究というより、資本主義的な競争が前面に出てきました。ですから、これは科学だけの問題ではなく、経済社会全体のあり方と関係しているわけです。

伊東　そうした競争社会の発達に伴い、現代の科学者は一番乗りを目指すようになった。その焦りが不正を誘うことに一面ではつながっています。小手先の改善ではなく、根本的な「科学の倫理」の確立が求められます。

さて広く文明史的に考える時、二一〇〇年を見通して、新しい倫理には三つの観点が必要だと考えます。第一は「アヒンサー」。ガンジーの言葉で「殺すなかれ」、「非暴力」を意味します。今も集団的自衛権の問題が議論されていますが、むしろ憲法九条の考え方を国連憲章の中に組み込んでいくような方向へと、日本は指導的な役割を果たすべきではないでしょうか。

第二は「共生」です。他者を理解し、他者と共存することを二一世紀の人類は学ばねばなりません。他者とは他人であり、他文化・他文明です。ヘイトスピーチの問題もありますが、他者を異質のものとして排除してはならない。もう一つ、自然も重要な他者です。人間が自然を支配し服従させるのではなく、人間も自然の一部であると自覚し、共存する生き方へと変えるべきです。科学技術にも自然を壊すものと、自然を生かすものとの2種類がある。例えば原発は自然を暴力的に壊し、エネルギーを奪取し、結果的に放射能によって子々孫々に禍根を残します。日本は環境技術など、自然を生かす科学技術で世界に貢献すべきです。

第三は「格差解消」です。現在は人種や性の差別は徐々に解消しつつあると思いますが、経済的格差は逆に広がっています。経済の実体とは関係なく、為替や株の差益による利益だけを追求するマネーゲーム資本主義が拡大しており、これに対処する経済倫理が必要です。

第二の精神革命の時代に――伊東俊太郎

自然の重視日本が発信――広井良典

広井　新たな時代の倫理を考える時、伊東先生が提示した「精神革命」の時代との比較が手がかりになります。「精神革命」とは紀元前五世紀頃、ギリシャ哲学や旧約思想、仏教、儒教など現在につながる倫理や宗教が世界各地で同時多発的に起こったことを指します。環境史の分野でもこの時期に森林の枯渇や土壌の浸食が本格化し、古代の農業文明が一つの限界に達したとされますが、倫理や宗教の誕生はそうした有限性に直面したことが関係しているとも考えられます。

伊東　その通りです。私は今を巨大な転換期、パラダイムシフトの時代と考えていますが、これは第二の精神革命が求められる時代かもしれません。私のいう「精神革命」の時代は、それに先立つ「農業革命」の果てに「都市革命」が起こり、そこでの富の集中が頭打ちになった都市文明の転換期に当たります。

広井　資源的な限界に達したところで内面的な倫理が求められるという意味では、「精神革命」の時代と現在は共通点があります。逆に違いもあって、仏教にしろキリスト教にしろ「精神革命」時代の思想は普遍性に力点があり、多様性への配慮に乏しい。また、人間主義で、自然は必ずしも視野に入っておらず、アニミズムや自然信仰は否定的に見られる。先生がいうように、これからの倫理では自然をも尊重すべき他者の一つとして、その内発性や多様性を重視すべきなのとは異なります。

伊東　第二の精神革命の時代にキリスト教や仏教、イスラム教などの宗教がなくなるとは思いませんが、教条や普遍主義にとらわれない、多様性を認め合うような倫理が形成されるのではないでしょうか。また、かつての「精神革命」は人間中心主義で、自然を見落としていました。第二の精神革命でもある「環境革命」では、自然と人間の関係を見直した、より包括的なものとなるでしょう。

広井　「鎮守の森」など自然を重視した世界観を作ってきたことは、新しい倫理を作るうえで日本が世界に発信できるものと思います。多様な文明それぞれが価値を持っているという視点も、文明の境界に立ってきた日本が打ち出していくべきでしょう。もちろんそれがナショナリズム的な自己中心性となってはならず、かつて南方熊楠が論じたようなローカルな普遍性をもつものであるべきしょう。

マネー至上の資本主義も、インターネットなど科学の動きと結びついています。実は情報理論の原理はクロード・シャノンのビット（情報量）の概念など一九四〇年代にできたもので、今の情報文明は既に飽和期に入っています。つまり私たちは「ポスト情報」の時代に入りつつあるわけで、これからは生命や環境に軸足を置いた文明への転換が求められることになるでしょうか。

伊東　より多くのものを、より速く、より効率的に処理しようとするエートス（行動の規範）に基づく現在の文明の延長線上に未来はありません。情報技術（ＩＴ）の普及は続くでしょうが、そうした従来のエートスとは異なった生き方の原理が、登場する必要があります。

広井　地球上の生命は絶滅と再生を繰り返してきましたが、伊東先生は今や人類が自ら絶滅を引き起こそうとしており、二〇五〇年頃に分岐点を迎えると論じています。国連の希望的な人口予測でも五〇年頃に一〇〇億人弱で徐々に安定し、二一〇〇年頃に均衡点に近づくとしています。そうすると今世紀前半が正念場になるでしょうか。

伊東　そう思います。五〇年までに何とか方向転換しなければならない。世界は成長社会から成熟社会、広井さんのいう定常社会へと移行せざるをえません。注意すべきことは、定常社会が停滞社会ではないという点です。むしろ成長という抑圧から解放されて、人間性としては、内容的にいっそう豊かな時代が来ることに希望を持つべきです。

伊東俊太郎（いとう・しゅんたろう）
一九三〇年生まれ。東京大名誉教授。専門は科学史・比較文明学。著書に『伊東俊太郎著作集』『変容の時代――科学・自然・倫理・公共』（ともに麗澤大学出版会）ほか。

第Ⅳ部　新しい倫理——宗教と人間

宗教は「連帯」へ進化できるか？

橋爪大三郎

人類七〇億人のうち、六〇億人以上が、西欧キリスト教文明／イスラム文明／ヒンズー文明／中国文明、のどれかに属している。日本のように「宗教なし」なのは、圧倒的少数だ。

四つの文明は、それぞれ一〇億～二五億人の巨大集団で、キリスト教／イスラム教／ヒンズー教／儒教、がベースである。政治も経済も文化も、社会のすみずみまでその宗教の考え方が浸透している。人類社会は四つの宗教にもとづく、多元的な世界なのである。

宗教は紛争の種になのか？

ところが二〇世紀まで、世界が多元的なことは見えにくかった。キリスト教文明が、残りの地域を植民地にしていた。冷戦（キリスト教文明の仲間割れ）が、世界を二分していた。二一世紀になってやっと、世界が多様であることが、誰の目にも明らかになった。

では宗教は、人類の平和にプラスになるか。それとも、紛争の種になるだけか。

料理にたとえてみよう。世界の二五億人は西洋料理、一五億人はイスラム料理……を食べている。食べ慣れた料理を、急にやめられない。宗教をやめろとは、チキンやピーマンを料理せず生で丸ごとかじれというようなもので、誰も納得しない。

では、どうする。いくら中華料理がおいしくても、全員に押しつけるわけにはいかない。西洋料理を何世紀も押しつけられて、みんなこりごりしている。四つの料理を混ぜたら？　まずくて食べられないだろう。四つの料理を日替わりにしたら？　管理に手間がかかるだろう。だれもがさまざまな料理を自由に楽しめる、「世界レストラン」を開店できないものか。

二一世紀の人類社会にふさわしい政治・経済・文化の公正な仕組み、さまざまな文明の共存の枠組みを、新しく創り出すのが課題だということだ。

いま必要な宗教の進化

宗教には、他との違いを強調し純粋さを守ろうとする傾向がある。例えばムスリムは豚を食べない。『コーラン』に食べるなと書いてある。これだけなら何とかなる。利子を取るなとも書いてある。どうする？

グローバル化（世界が一体となること）はまず、経済から始まった。市場では合意のうえで取引が行なわれる。つまり紛争はないはずだが、途中出場の第三世界は、資本も技術も社会インフラもなく、不公正な競争を強いられている。この世界は不当だと思う人びとが多くいる。昔なら戦争になった。今、アメリカに挑戦できる軍隊はない。正規軍がだめなら、テロで戦うしかない。正規軍・対・テロなので「非対称戦争」という。テロは解決にならないが、唯一の道に見えてしまうのだ。

命がけのテロに加わるには、強い信念が必要だ。そこで宗教の極端派（鬼子）が生み出される。極端派は、正統教義を都合よく継ぎ接ぎする。オウム真理教は密教に、世界最終戦争を継ぎ接ぎした。奇妙な極端派が現れないよう、世界の主な宗教は相互理解を深め、連帯し、協力して警戒すべきだ。これがいま必要な宗教の進化だと思う。

宗教の役割とは

宗教が自分を内側から乗り越えようとする動きは遅々としている。キリスト教では教会合同主義（エキュメニズム）が唱えられた。カトリック教会がプロテスタントやギリシャ正教と連合する動きだ。でもユダヤ教やイスラム教には及んでいない。クエーカーやユニタリアンは、ユダヤ教や仏教にも寛容だが、少数派の教会にすぎない。いっぽうイスラム教やヒンズー教や儒教にはカトリック教会にあたる組織がないので、こうした動きのかけ声をかけにくい。

宗教の役割は、この世界が生きるに値するという確信を、次の世代に伝えていくことのはず。それを担うのは、暴力に訴える極端派でなく、責任ある正統派である。グローバル市場経済を生きる人びとは、自分たちと異なる文明に属する人びとがいまどんな苦難に見舞われているのか、その世界観がどんなふうにうちひしがれかけているのか、理解すべきだ。

宗教はしばしば、世界を単純に理解して安心するための気休めになってしまう。そうではなく、世界の多様な宗教を、フードコートのように、どれも肯定し楽しむ関係に進化できるならどれだけ素晴らしいことか。

橋爪大三郎（はしづめ・だいさぶろう）
一九四八年生まれ。東京工業大学名誉教授。元東京工業大学世界文明センター副センター長。専門は社会学。著書に『世界は宗教で動いてる』（光文社新書）、『これから読む聖書創世記』（春秋社）、『教養としての聖書』（光文社新書）ほか。

第Ⅳ部　新しい倫理――脳神経科学

道徳性の脳神経科学

阿部修士

人間の本性は善なのか悪なのか。何をもって善とするのか、何をもって悪とするのか。近年は人間の道徳性に対する関心の高さが窺える。東日本大震災や熊本地震における、ボランティア支援や各地からの寄付といった利他的行為からは、人間の道徳性が再評価されている。一方で、道徳性への関心の高まりは、ある種の危機感にも基づいている。度を過ぎた資本主義社会は倫理観の欠如を招いており、今一度人間の道徳性を見つめ直すべき、という論調である。

道徳的判断における理性と感情――「トロッコジレンマ」と「歩道橋ジレンマ」

こうした道徳性に対する関心の高まりは、自然科学の発展とも決して無縁ではない。道徳性の起源や機序を探る心理学的研究や、脳の情報処理に着目した脳神経科学的研究が、二一世紀に入ってから劇的な進展を見せており、道徳性そのものの捉えかたにも少なからず影響を与えている。

代表的な研究としては、ハーバード大学心理学科教授のジョシュア・グリーンによる一連の実験が挙げられる。彼は脳活動を測定する実験の参加者に、「トロッコジレンマ」や「歩道橋ジレンマ」と呼ばれるジレンマ状況のシナリオを読ませ、道徳的判断と脳機能の関連を検討している。トロッコジレンマのシナリオでは、暴走するトロッコが五人の作業員めがけて進行しており、実験参加者が分岐器で進路を変えれば五人を助けることができる。ただし、トロッコの進路を変えた場合、切り替わった進路の先にいる一人の作業員Aが命を落とす。こうしたトロッコジレンマでは、一人を犠牲にすることが道徳的に許されると判断される割合が比較的高い。一方、歩道橋ジレンマのシナリオは、同じく暴走するトロッコが五人の作業員めがけて進行しているが、実験参加者の隣にいる大きな体の作業員Aを線路の上の歩道橋から突き落とせば、作業員Aが犠牲になる代わりにトロッコは確実に止まり、五人を助けることが出来る。こうした歩道橋ジレンマでは、トロッコジレンマとは異なり、一人を犠牲にすることは道徳的には許されないと判断される割合が高い。

どちらのジレンマも、一人を救うか五人を救うかという点で本質的な違いはないにもかかわらず、なぜ二種類のジレンマで意見が分かれるのだろうか。グリーンらは人間の脳活動を可視化する手法を用いて、歩道橋ジレンマについての道徳的判断を行なう際に感情の処理に関わる脳領域が活動することを見出している。つまり感情の働きによって、「たとえ多くの人を助けるためであっても、一人を歩道橋から突き落とすことは許されない」という判断を導いているというわけである。実際、感情の処理に関わる脳領域の損傷によって、歩道橋から突き落とすことをより許容できるようになる、とする研究もある。

従来、こうした道徳的判断は理性的な推論や論理的思考によって実現されるものと考えられてきた。ところが実際には、理性的な判断とは必ずしも相容れない感情が、想像以上に重要な役割を果たし、私達の道徳的な判断を調節しているのである。こうした知見は、人間の意思決定が必ずしも合理的なものではないことを示し、近代の経済学に一石を投じたノーベル経済学賞受賞者ダニエル・カーネマンらによる研究など、他の関連分野の知見とも整合性が高い。

変動する世界で、真に有効な道徳的・倫理的価値観の構築は可能なのか?

これからの社会では、医療技術の進歩や世界経済・国際情勢の変動に伴い、既存の道徳的・倫理的価値観では対応しきれない様々な問題の噴出が予想される。その際、自然科学の視点から人間の道徳性を理解し直すことは、新たな道徳的・倫理的価値観を構築する上で極めて重要な意味を持つ。私達の道徳的判断の背景には、必ずしも合理性を是としない感情が働いていること、そして感情のはたらきには当然ながら個人差もあることを、客観的にそして徹底的に理解する必要がある。これまでの道徳哲学者がそうしてきたように、普遍的な善や悪を理性的に議論するだけでは（そのこと自体の意義を否定する気は毛頭ないが）、本質的には答えのない堂々巡りの議論が繰り返されるのみである。そもそも道徳とは、個人の内面的原理であり、法律などのように外部に明文化されたものではない。したがって、道徳性を生み出す主体となる人間の心理過程そのもの、つまり意図しない感情のはたらきに影響される道徳性の特徴と、それを支える脳の仕組みを考慮に入れる必要性があるのは当然とも言える。

理性だけに基づき、純粋に合理性を追求することが困難な人間にとって、真に有効な道徳的・倫理的価値観を構築するのは、根本的に難しいことなのかもしれない。すなわち、この記事を書いている筆者も、読んでおられる読者も、結局のところは脳が処理できる範囲内でしか世界を認識することができず、思考を巡らせることもできない。だが人間の脳と理性は驚くべき可塑性も秘めている。人間の心理過程と脳の情報処理を俯瞰的に理解して、この限界を突破することも可能ではなかろうか。私自身はこの後者の可能性を信じてみたい。

阿部修士（あべ・のぶひと）
一九八一年生まれ。京都大学こころの未来研究センター 准教授。専門は認知神経科学。主な論文に『不正直さの個人差を生み出す脳のメカニズム』（Clinical Neuroscience 33（2），中外医学社）、『嘘つきと正直者の脳のメカニズム』（心理学ワールド第七一号、新曜社）ほか。

第Ⅳ部　新しい倫理――ネット社会の正義

正義の基準、ネットで議論を

西垣　通

われわれは真に、自らの手で困難な未来を切り開こうとしているだろうか。未来の問題は複雑で錯綜し、しかも風雲急をつげている。地球温暖化や核拡散、サイバーテロといったグローバルな問題から、エネルギーと原発、少子化と教育、高齢化と社会保障などの国内問題まで、いずれもわれわれの明日の生活を脅かさないものはない。にもかかわらず、そういった面倒な公共的問題は政治家や専門家にお任せし、われわれ一般人は普通、目先の私的利害とゲーム的快楽を追い求めながら日を送っている。あたかも、襲われたダチョウが砂に頭を突っ込んで、危険から目をそらすように。

ネットと世論

近年とくに若者の政治離れがささやかれる。一部の若者は右傾化していると言われるが、多くはネットで楽しく盛り上がっているだけで、アナーキーな自由至上主義にも惹かれており、本格的な保守思想からは遠い。つまり彼らは、自分たちが公共的・政治的問題に対してまったく無力なことを実感しており、その気だるい絶望と疎外感を、表むき右翼めいた言葉で表現しているだけなのだ。

これでは民主制社会の名が泣くと非難することはたやすい。だが、この非難に対しては、一般人が公共的問題について意見表明しても無駄じゃないかと反論が返ってくる。新聞に投書しても世の中は変わらないし、今さらデモの時代でもなかろう、というわけだ。

しかしそれでは、ネットを利用して世論を盛り上げる可能性は皆無なのだろうか。

「集合知(collective intelligence)」

思えば、二〇〇〇年代半ばにいわゆるウェブ2・0が米国から輸入されたとき、「一億総表現社会」という言葉が飛び交ったものだ。誰もが自分の意見を簡単に表明し、世の中に訴えかけるためのツールが出現したからである。残念ながらウェブ2・0が紹介された際、グーグル検索エンジンがもたらすビジネスチャンスという面ばかりが強調されたため、それは民主主義の成熟には直接むすびつかなかった。だが、そこで提唱された「集合知（collective intelligence）」という概念は、3・11東日本大震災を経た今、新たな民主主義の地平を指し示しつつあるように思われる。

端的にいえば、専門知への不信と、アマチュアの知への期待ということだ。原発事故後の専門家の言動の迷走ぶりは、あまりに細分化された専門知だけでは巨大な問題に十分対処できない現実を衆目にさらけ出した。また、専門家は前例や経済的利害に制約されており、その倫理性もあまり信頼できないことが明らかになった。専門知が不可欠だとしても、それだけでなく、自由に発想できるアマチュアが集まり、身体的直感を働かせて組み立てる集合知も捨てたものではない。これは高学歴社会の強みとも言えるのだ。

ネット討論と「正義の基準」

集合知がクイズなど「正解のある問題」に有効なことはすでに知られている。では公共的問題ではどうだろうか。たとえば経済格差の解消法、終末医療のあり方、ネットでの個人情報収集の是非、といった問題には、いわゆる正解など存在しない。だが本来、こういった「正解のない難問」を一般人が熟議していくのが民主制というものだろう。とすれば、ネット討論による集合知の可能性を問うてみる価値はある。

ここで大切なのは何らかの「正義の基準」である。基準が無ければ、討論は発散するだけだからだ。たとえば公共哲学者マイケル・サンデルは、ベストセラー『これからの「正義」の話をしよう』の中で、功利主義、自由主義、共同体主義の三基準をあげている。いずれも、現代社会において広く認められている考え方に他ならない。

三つのうちどれがネット集合知を導く基準として適切か、などと性急に述べるのはよそう。これは公共哲学の深遠なテーマで、簡単に結論は出ない。だが少なくとも、正義の基準の明確化は、ネット集合知の新たな活用の第一歩となるだろう。今その議論が待たれているのだ。

西垣通（にしがき・とおる）

一九四八年生まれ。東京経済大学教授、東京大学名誉教授。専門は情報学。著書に『集合知とは何か――ネット時代の「知」のゆくえ』（中公新書）、『ネット社会の「正義」とは何か――集合知と新しい民主主義』（角川選書）ほか。

第Ⅳ部　新しい倫理――「自由」の基点を再建する

自由な主体に必要な「尋ねあい」

西　研

これからの社会と倫理を考える一助として、これまで人類がめざしてきた社会と倫理はどのようなものであったか、をあらためてふりかえってみたい。

日本国憲法や世界の多くの国々の憲法は、ヨーロッパ近代の思想家たちが構想した社会像をもとにしている。それは「自由」を中核とするものであり、大きく二つの焦点をもつ。

一つは「人権」である。自分の意志で職業や結婚相手を選べる。他人から邪魔されることなく自分の考えを表明できる。そして最終的には「自分がよいと思う生き方」（自分なりの幸福）を追求できる。このような思考と行動の自由を、だれもがもつ「権利」として取り決めたものが人権である。

もう一つは「自治」である。社会の構成員が互いの意見を表明しあいながら、「どの人にとっても利益となること」をルールとして取り決め、それに従って社会を運営していく、というものだ。自分たちで社会をつくれる、不都合があってもともに解決していける、という共同的な自治の自由を、近代の思想家たちはやはり大切にしていた。

人権と自治について

前者の「人権」については、日本社会ではかなり広く認められるようになった。それはよいことだが、しかし、自分がよいと思う生き方を追求する、というとき、そもそも「何」を追求すればよいのかについて、確信を持てない人は多い。だから、価値あると信ずることを力を尽くして実現しようとする生き方――そのとき人は、困難があっても自由を実感できる――がなかなかできない。そして、生き方の自信がないと、それだけ周囲の目が気になってしまう。

後者の「自治」についてはどうか。地域の住民が自分たちの手で公園を整備したり、川の掃除や保全を行ったりする自治の活動が、いま日本社会のあちこちで行われている。しかしこのような「共同的な自由」の喜びと、無縁に生きている人も多い。「集団のなかで自分の想《おも》いを出すのは危険だ。集団の空気を読んで対処しないといけない」という感じ方のほうが、ひょっとすると多数派かもしれない。

つまり、自分の信ずる価値を実現するという点でも、語りあいながら共通の問題を解決していくという点でも、私たちはいまだ「自由な主体」になっているとは言い難いのである。

「尋ねあい」の作法

では、自由な主体へと人が成長していくために、必要な「条件」は何だろうか?――その核心は、一言でいうことができる。互いの想いをていねいに尋ねあい確かめあうこと、である。

もし私たちが、どんな意見をいっても攻撃されることがなく、互いの想いをちゃんと受けとろうとする雰囲気のなかで――この雰囲気をつくるのが大切なのだが――何かのよしあし（価値）について意見を交換できたとしよう。そして、自分とまったく違う意見に対しても、なぜ相手がそう考えるのかを尋ねてみる。すると「なるほど、この人の意見は、こういう生活実感から出てきているのか」ということがよくわかる。

このように、互いの想いをていねいに受けとめたなら、それに続いて「こう考えるほうが『よりよい』のでは？」という議論に進むことができる。そして、このような語りあいを積み重ねることによってはじめて、私たちは「こういうことが大切なのだ」という価値の確信――独断的でなく、その理由を説明できる確信――を育てていくことができるのである。

また、集団を営む自治の力も、やはりこうした尋ねあいのなかから育ってくる。メンバー個々の事情や想いをていねいに確かめあったあとで、「では、どうすることがみんなにとってよいか」を議論し、合意をつくっていく。その合意が納得できるものであるなら、各人は自分のできることを進んで「役割」として担おうとするだろう。

私たちはいま、近代の思想家たちが想像したよりも、はるかに多様な感度と生き方とをもっている。だからこそ、「尋ねあい」の作法が必須なのだ。こうした作法を、教育現場や、コミュニティーに関わる活動や、企業の内部でも育てていくことが、自由で風通しのよい社会へとつながっていくはずである。

西研（にし・けん）
一九五七年生まれ。東京医科大学教授。専門は社会哲学。著書に、『ヘーゲル・大人のなりかた』（NHKブックス）、『哲学的思考――フッサール現象学の核心』（ちくま学芸文庫）、『集中講義　これが哲学！――いまを生き抜く思考のレッスン』（河出文庫）ほか。

第Ⅳ部　新しい倫理――コミュニティ

「共同性」をめぐる相克

吉原直樹

コミュニティ・オン・ザ・ムーブ――異質性と同質性の相克

近年、コミュニティが、社会のさまざまな「できごと」に関わらせて言及されることが多くなっている。

筆者は、こうした状態を「コミュニティ・インフレーション」と呼んでいるが、その場合に注目されるのは、「期待されるコミュニティ」と「現にあるコミュニティ」との間に、少なからず隔たりがあることである。ちなみに、ここでコミュニティを仮に共同性に根ざす人びとの集団と捉えると、「期待されるコミュニティ」では、ブラウンがかつて述べた以下のような集団、すなわち「境界の明確なアイデンティティとメンバーシップ、閉鎖性を有する諸規則、仮想的な永続性を有している……完全に共同性のある集団」(Brown, 1974: 32) が想定されていると言っていいだろう。そこでは、鍵概念である共同性が領域的なもの(=領域性)に裏打ちされた定住にもとづいている。しかし「現にあるコミュニティ」では、共同性がより多くの場合移動とともに語られる傾向にある。伊豫谷登士翁の言葉を援用するなら、移動こそが共同性を生み出しているのである（伊豫谷、二〇一四）。

こうした移動と背中合わせで存在する共同性は、今日、コミュニティがきわめて流動的なものであることと、まさに「コミュニティ・オン・ザ・ムーブ」としてあることを示している。そして共同性を特徴づけるこの流動性は、異質性を帯同しているのである。したがって、こうした流動性／異質性とともにある共同性は、領域性に根ざす同質性からなる共同性、そしてそこから立ち上がるコミュニティ、まさに「期待されるコミュニティ」の対向をなしているのである。言うまでもなく、こうした二つの共同性の相克の底流をなしているのはグローバル化であり、それとともに進んでいるボーダレスで多重的な人の移動である。

ともあれ、今日、コミュニティの社会設計を行なうには、「期待されるコミュニティ」が前提とする同質性を問い直す必要がある。つまり、そうした同質性を、異なる人びとの間で見られる相互性にもとづく異質性に変換することが求められているのである。

地縁が本来持っていた異質性の再生を

ここで改めて留意したいのは、これまで見てきたような同質性からなる共同性に深く根ざしてきたとされてきた日本の地縁が、そもそも先述のような相互性＝異質性の内実を、豊かに湛えていたということである。ちなみに、これまでの地縁／町内の最大の特徴は、「階級、職業が混在しており、宗教、信条もきわめて雑多である。そしてそのことがコミュニティ形成の障害とならなかった」という点にある（吉原、二〇一一：八二）。つまり、異質なものの集まりを通して、その場その場の状況に合わせながら、雑然と共同生活の実を育んできたというのが地縁／町内の真骨頂であったのである。しかし、こうした地縁／町内は、近代日本の国民国家の社会統合の下に進んだ諸個人の集列化とともに、すっかり均質化・平準化され、気がついたら同質性を特徴とする「内」に閉じるコミュニティになってしまっていた。

今、地縁が本来持っていた先述の異質性を、より外に広げるかたちで再生させる必要がある。

有賀喜左衛門がかつて〈公〉と〈私〉の「入れ子構造」のなかに存在し、まさにその場その場の状況のなかで織りなされる横の位相的な秩序のダイナミズムをはらんでいると見なした「あいだ」の機能（有賀、一九六七）を、世界に存在する諸々のものが多元的に節合された状態で布置することにともなって生じる〈創発性〉のメカニズムに合わせて蘇らせることが求められている。ちなみに、有賀の言う「あいだ」に埋め込まれていた人びとのセーフティネット機能は、よく知られるように近代日本の国民国家の機制の下に、〈公〉と〈私〉の分化とともに「外部化」された。それは戦後日本に限定して言うなら、〈公〉が未成熟なままに、そして〈私〉がひたすら〈個〉化するなかで、カイシャとそれに従属する家族による「インフォーマルな社会保障」（広井良典、二〇〇一）が、人びとのセーフティネットとして機能するという状景として立ち現われたと言える。こうした状景は、グローバル化の進展にともなう諸個人のいっそうの集列化とともに壊れつつあるが、同時に、有賀が熱いまなざしを向けた「あいだ」は、外から埋め込まれた流動性／異質性によって「新しい公共」を含むものとして息を吹き返しているように見える。

もちろん、こうした動きは、コミュニティを日本人の底のない醇風美俗を表象するものと見なす動き、言うなれば、冒頭で触れた「期待されるコミュニティ」を触発するものと「紙一重」である。折しもグローバル化とローカル化がせめぎ合うなかで、新自由主義が共同体主義と共振しながら、新たな展開をみせているように。

しかしそれにしても、コミュニティの基底をなしている共同性は、今大きく揺れている。それがボーダレスな移動とともに召喚している流動性／異質性は、かぎりなく奥が深いと言わざるをえない。

〔参考文献〕

有賀喜左衛門、一九六七、「公と私――義理と人情」、『有賀喜左衛門著作集Ⅳ』未来社。

Brown, D., 1974, 'Corporations and Social Classification,' *Current Anthropology*, 15-1.

広井良典、二〇〇一、『定常型社会』岩波新書。

吉原直樹、二〇一一、『コミュニティ・スタディーズ』作品社。

伊豫谷登士翁、二〇一四、「移動のなかに住まう」、『「帰郷」の物語／「移動」の物語』平凡社。

吉原直樹（よしはら・なおき）

一九四八年生まれ。東北大学名誉教授、大妻女子大学教授。専門は社会学・都市社会学・地域社会学、アジア社会論。主な著書に、『コミュニティ・スタディーズ』『絶望と希望――福島・被災者とコミュニティ』（ともに作品社）ほか。

第Ⅳ部　新しい倫理——景観・健康・希望

「記憶」のリセットより再生を

松原隆一郎

ベニクラゲは、一センチに満たないお椀型の透明な身体の真ん中に、灯《あか》りを点《とも》すように紅を宿す美しいクラゲである。このクラゲは老化が進み溶解して死にかけると突如幼生のポリプの状態に戻り、改めて成長し始める。後天的に獲得したものはすべて廃棄するらしく、自己の一貫性すら捨てているという。一種の「若返り」である。

このベニクラゲの人気が高いのは、戦後の日本経済が同様の若返りを特徴としてきたことに関係があるかもしれない。高度成長期に建てられた名建築などは、多くが近年コンクリートの寿命に達し、修復ではなく解体され高層ビルに建て換えられた。

これは経済的には資本設備を廃棄して次の設備に投資するということで、投資により総需要をかさ上げするというケインズ的な効果があった。また破壊と創造が新規のサービスを提供し、次の需要を呼び起こして利潤を生み出すというシュンペーター的な狙いもあった。新築された横文字名前の超高層ビルに来場者が群がる光景は、珍しくない。ともに現在の所得が伸びることを目的とする経済政策である

戦後日本の〝リセット願望〟

そのように以前の記憶を破棄したいという衝動は、成長の希求だけに由来したのではないとも思える。終戦後の日本人にとって、直前までの戦争の記憶の多くは消し去りたいものではあった。

そうしたリセット願望は、高度成長期を経て一九九五年の阪神淡路大震災からの復興過程にも維持された。庶民的な商店街が焼け落ちた新長田駅（神戸市長田区）周辺で、被災の二か月後には高層ビル群による都市計画が制定され、計画はすみやかに実行された。二〇〇四年には神戸市の人口は回復し、被災前を上回った。兵庫県庁のホームページは、これを「創造的復興」と形容している。

一九九五年には国民の半数以上が戦後生まれとなっていたから、街並みの記憶は捨て去り難かったはずだ。在りし日の街の面影を強制的にリセットする復興は、多くの住民の心に傷を残した（筆者は実家が被災した）。

「記憶」をつなぐことによる再生を

けれども二〇一一年の東日本大震災を経て、いよいよ日本はリセットによる資本投下では成長を呼び込めない岐路に立たされたようだ。趨勢的に人口が減っていた東北の被災地で、モータリゼーションを前提に広がった街路や建物などの社会インフラを元通りの規模に戻したとしても、それによって経済が成長し人口が増加に転じるとは考えにくい。規模からして過剰なインフラは、人口が減るなかで財政的にも維持できないだろう。

所得や社会インフラの「成長」によって災害の傷を忘れるのではなく、「記憶」をつなぐことで再生するという道に目を向けるべきであろう。実際、東北地方においては被災体験が語り継がれているが、それは来るべき他地域での大震災への備えでもあるし、伝統野菜や郷土料理の紹介を通じて経済復興の道筋を探る試みも盛んになされている。成長よりも暮らしの身の丈に合った復興である。

災害からの復興だけではない。近年、一人当たりの実質GDP（国内総生産）の伸びに比し、生活満足度は横ばいとなっている（内閣府「国民生活選好度調査」）が、それは金銭的所得の成長だけでは満たされないものがあるということだ。過去に営々と築き上げた一貫性や記憶を喪《うしな》うことが生活満足に与える負の効果は見逃せないのではないか。

二〇二〇年の東京オリンピック・パラリンピックに向け、招致委員会は当初、会場を湾岸ゾーンと明治神宮外苑周辺のヘリテッジ（遺産）ゾーンに分けるという方針を打ち出し、国立競技場が修復利用されるなら成熟国家に相応しいと期待された。しかし、招致が決定するや一転して外苑の国立競技場は解体が開始され、これまでの景観や歴史を捨て去る巨大（高さにして五倍弱）で財政的にも維持可能とはとても思われない八万人収容の施設のデザインが計画された。そのデザイン案は破棄されたが、新たな案が採択されて建設が進んでいる。新案では宮城県の木材が使われる予定である。記憶に関する強制リセットの是非が問われているのだといえよう。

松原隆一郎（まつばら・りゅういちろう）
一九五六年生まれ。東京大学大学院教授。専門は社会経済学、相関社会科学。著書に『日本経済論「国際競争力」という幻想』（NHK出版新書）、『ケインズとハイエク――貨幣と市場への問い』（講談社現代新書）ほか。

第Ⅳ部　新しい倫理――座談の可能性

良質の座談が開く創造性

鶴見太郎

日本の近代・現代は座談の時代でもある。座談と銘打った書籍だけでも毎年、相当な数が刊行され、主要な新聞・雑誌を加えれば、年間で数百の座談が活字化されている。この現象の背後には座談に対する広範な読者層が控えているわけだが、意外に書店で長い期間置かれて入手可能な座談の本は限られている。小説、随筆、論文などとくらべると座談とは読んでは消えるもの、という位置づけがどうしても付きまとう。しかしながら、座談によって生み出される世界とは、そこに参画する人々の個性とともに、独立した創造性を持っている。

良質の座談とは？

座談とは絶えず次の発言をうながす、という前提に立つ。その点で、単発の命題とは明らかに異なった機能を持つ。しかも発言次第で、話は思わぬ方向へすすんで行くことがあり、かえってその方が面白くなる。ここで大切なのは同じ座を囲む人物の意見に対して、自分の眼が開かれていることである。良い座談のひとつに、予期しなかった向こうの言葉に触発され、そんな考え方もあるのか、と反応することがある。それは必ずしも自分の意見を変えることを意味しないし、曖昧に妥協することでもない。相手を論破することが最優先されるディベートの文化とも、はっきり区別されるものである。

一九六一年、竹内好と対談した梅棹忠夫は、バンドン会議（一九五五年）によって平和共存によるアジア連帯が実現の途に着いたとする竹内に対して、そこに前近代から続くアジア内部での大国・小国の問題が解決されていないことを指摘した。この発言を竹内はもっともなことと受け止め、梅棹の視点の広さを高く評価した（『思想の科学』一九六一年一〇月号）。論文では扱えないが座談ならばできる、という素材・領域は確実に存在するのである。

あるいは、お互いの依って立つ思想が相容れないことが分かった上で、そこに対立をふくんだ魅力的な言葉のやりとりが行われる座談もある。一九七〇年夏、三島由紀夫と寺山修司はそれぞれの芸術観をめぐる対談を行なっているが、必然性と様式美を前面に出す三島に対し、寺山は終始、自分たちは偶然性の中に生きていることを強調して譲らず、必然性もまた偶然のひとつではないか、と反駁している（『潮』一九七〇年七月号）。

深い座談に向けて

日本の近代とは良い座談を生む条件に恵まれていた。中江兆民『三酔人経綸《けいりん》問答』（一八八七年）は、そこに登場する非武装平和を説く洋行紳士、隣邦への進出を説く力の政治の信奉者、立憲制度確立への道程を探るプラグマティスト、三人の論客がいずれも誰かによって完全に制せられることがなく、葛藤を孕んだまま議論が進行する。むりやり結論を出すよりも、三人の論によって構成される動的な図式そのものの中に意味がある。同書が現在でも読み継がれる理由は、そこで展開される政治的ヴィジョンが現代にも通じるだけでなく、優れた座談の持つ形がここに示されているからである。

昭和に入って、菊池寛は『文藝春秋』誌上に座談を組み入れ、文芸や政治談議に限らず、職業婦人、野球、家庭医療など、幅広いジャンルにおいてそれが可能であることを示した。自ら司会として肩肘張らない進行を演出し、題材に応じて市井の人にも登場を乞い、その人物からしか聞けない話を的確に引き出した。仮にお座なりの話しかできない人物だと、たとえ政治家であっても、それに対する不満を編集後記などに記した。こだわりが編集の側にあると、良い座談とは何かについて読む側の眼もまた、磨かれていくことになる。

こうした良質の座談とは、日常の中でも起こり得る。それが記録として残らないだけである。座談をめぐるこれまでの歴史、そして座談を読んできた多くの読書人口がそれを可能とする。その中で形成される人的な繋《つな》がりとは、現在そして将来の日本が取り組むべき課題について、開かれた深みのある議論を可能にする。活字になることを目的とする座談から離れて、座談そのものが持つ機能、有効性を今一度、検討してみることが問われている。

鶴見太郎（つるみ・たろう）
一九六五年生まれ。早稲田大学教授。専門は日本近現代史。著書は『柳田国男入門』（角川選書）、『座談の思想』（新潮選書）ほか。

第Ⅳ部　新しい倫理――脱「他者」時代

脱「他者」時代のコミットメント

河合俊雄

心理療法は、「こうすべきだ」という基準から自由なことが大切である。たとえば、不登校の子どもに対しても、「学校に行くべきだ」という考えをすぐに押しつけない。それどころか、親に暴力をふるったり、万引きをしたりする子どもに対しても、「暴力や万引きは悪いことだ」と教えない。そういう形でこころが求めざるをえないものは何かを考えていこうとする。たとえば万引きは、愛情など何か足りないものを求めているのかもしれない。

その意味で、心理療法は外の世界での倫理を一度括弧に入れて、個々人の内面の成長に取り組んでいると言えよう。だから倫理の揺らぎや葛藤に直面しやすい。親に暴力をふるうのが悪いこととわかっていても、怒りと衝動に圧倒される、などのように。

消滅しつつある「他者による倫理」

ところが、近年に葛藤や罪悪感をあまり感じないクライアント（心理療法を受ける人）が増えている。日本人の代表的な心理的症状は、自意識の葛藤である対人恐怖であったのが、解離性症状や発達障害に代わってきていることにも関連しているようである。たとえば岩宮恵子（臨床心理学者）の取り上げている少年は、放課後に壁に牛乳パックを投げつけて破裂させているところを見つかっても、それを認めようともしない（『フッーの子の思春期』）。

これは、外の世界での善悪の基準が揺らぎ、内面化されなくなってきているためであると思われる。河合隼雄（臨床心理学者）は、プリンストン大学の学生たちが、たとえ誰にも気づかれないとしても性的な映画を見ないと答えたことを報告している（『青春の夢と遊び』）。それは、「そんな映画を見たという事実に自分が耐えられない」からである。これは非常に内面化され、キリスト教の影響を感じさせる倫理である。

それに対して、キリスト教のような内面化を経ていず、中世の新仏教の時代に戒律が宗教から切り離された日本では、そもそも内面化された倫理が存在していないのではないか。その代わりを務めてきたのが、お互いがお互いを見張るような他者や集団による倫理であったと思われる。「近所の人の視線が気になる」「噂されている」などと訴える対人恐怖の人は、他者による倫理との葛藤とそこからの解放をテーマにしていたと言えよう。

ところが対人恐怖が激減したように、現代においては、お互いに外から見張り、見守ることで機能していた倫理が、消滅しつつあるように思われる。人々は本当に自由になってしまったのであろうか？　現代において倫理は存在しないのであろうか？

人工的な倫理やカルト的倫理を超えるヒント

一つには、暗黙に存在していた倫理が機能しなくなって、それを正確に定める必要が生まれてきた。たとえば生命倫理、環境倫理、ついには心理療法においても倫理規定が定められるようになった。もっとも、インフォームドコンセントのように、倫理がある意味で人工的に規定されたものを守っていればよいようになっているという別の問題があると思われるが。

もう一つは、自由になればなるほど、見張られていたいという欲求が強まっていることで、そのために現実にしろネット上にしろ、非常に狭い範囲の人間の反応だけを気にして生きている人が増えてきている。たとえばクラスの中でもごく少数のグループの意見だけを極端に気にして、クラスの他の人たちのことには無頓着である生徒が多いようである。

このように他者による倫理が消滅しつつある現代において、人工的な倫理や、狭い関係の中だけのカルト的倫理を超えるものは果たして可能なのであろうか？　作家の村上春樹は『ねじまき鳥クロニクル』以後の小説で、社会や人間関係を避けて生きてきた主人公が最後に示す「コミットメント」（関与）を描いている。これは、他者からでも、内面化された神でも、人工的に規定された規範でもない、自分の深層から発生してくる新しい倫理を模索するうえでのヒントになるのではないだろうか。

河合俊雄（かわい・としお）
一九五七年生まれ。京都大学こころの未来研究センター教授。専門は臨床心理学。『心理臨床の理論』（岩波書店）、『村上春樹の「物語」――夢テキストとして読み解く』（新潮社）、『ユング派心理療法』（ミネルヴァ書房）ほか。

第Ⅳ部　新しい倫理――地球この有限なるもの

「地球倫理」はどういう意味をもつか？

広井良典

これからの時代の倫理というものが、いったいどういうものかを考える際、どうしても確認しておくべき歴史の基準点がある。

それはドイツの哲学者ヤスパースが「枢軸時代」、科学史家の伊東俊太郎が「精神革命」と呼んだ、紀元前五世紀前後（今から約二五〇〇年前）の時期で、興味深いことにこの時代において、現在に続く普遍的な宗教あるいは思想群が、地球上の各地で〝同時多発的〟に生成した。インドでの仏教、中国での儒教や老荘思想、中東での旧約思想、そしてギリシャ哲学で、これらは個々の部族や共同体を超えた「人間なるもの」という観念を初めて明確に意識化し、しかも異なる形ではあれ、そうした人間がよって立つべき普遍的な倫理ないし価値を説くという点において共通していた。

それでは、そもそもいったい「なぜ」、この時期に地球上の異なる地域でこうした思想群が生まれたのだろうか。これについてはまだ十分な議論がなされていないが、環境史と呼ばれる新しい学問領域の知見によれば、この時代は（約一万年前からの）農耕文明がある種の資源的限界に達し、ギリシャや中国などでは既に森林の枯渇や土壌の浸食が進んでいたという。こうした点を前記の枢軸時代ないし精神革命の性格と結びつけて考えると、いわば農業を基盤とする「物質的生産の量的拡大」という方向が最初の限界に直面し、そうした背景から、人間の〝欲望〟の野放図な追求ではなく、より内面的あるいは精神的な充足を追求するような思想が生まれたと考えられるのではないだろうか。

倫理と経済社会のダイナミクス

私がここで考えてみたいのは、新たな倫理や思想、観念、価値原理といったものは、まったく真空の状態から生まれるのではなく、むしろその時代の歴史的状況や経済構造、あるいは風土的環境などを基盤として、それらと不可分のものとして生成するという把握である。極論すれば、倫理というものは、ある時代状況における人間の生存を保障するための究極の〝手段〟として生成するのではないか。

ところで、前記のような枢軸時代の思想群とは正反対の考えが生まれたのが西欧近代だった。たとえば一八世紀初めに『蜂の寓話』という著作を残したオランダ出身の思想家マンデヴィルは、「〝私利の追求〟は悪徳とされてきたが、営利的な経済活動こそが社会全体のパイ（富）を拡大し、人々を豊かにするのだからむしろそれは公共的な善である」という（当時としては常識破壊的な）議論を展開し、多方面に影響を与えた。マンデヴィルの生きた時代とは、他でもなくヨーロッパが世界に植民地を広げていった時期である。

つまり人間の経済活動がそれまでの資源的制約を超えて無限に拡大しうるという状況が現出していた時代であり、私利の追求が善であるという（資本主義の精神ともいえる）思想はこうした状況と不即不離のものだった。やがてそれは工業化を通じた新たな「自然の搾取」（化石燃料の掘削など）によるパイの拡大とともに加速化していくことになる。

グローバル（地球的）の再定義と自然信仰

そして現代である。以上を踏まえるならば、現在の私たちが、かつて農耕文明が資源的・環境的制約に直面する中で枢軸時代の思想群が生まれたのとちょうど同様の状況に、より根本的な次元で向かい合っていることが見えてくる。同時に大きな違いもある。枢軸時代の諸思想には、「宇宙」あるいは「宇宙的＝普遍的（ユニバーサル）」という観念はあったが、私たちが現在もっているような「地球」という観念はなかった。そして「グローバル（地球的）」という言葉の本来の意味は、世界を均質化していく〝マクドナルド化〟とは正反対に、むしろ地球上の各地域のローカルな風土的・文化的多様性のもつ豊かさをポジティブに評価していくことにあるのではないか。

さらには枢軸時代に生成した普遍宗教などの根底にある、各地の原初的な自然信仰や環境的倫理を再評価していく作業が求められているのではないか。そのようなものとしての「地球倫理」を掘り下げ構想していくことが、私たちの生きる時代の課題の核心にあると思えるのである。

第Ⅳ部　新しい倫理――生命論的世界観

生命論的世界観への転換

中村桂子

今後一〇〇年を見通すには、まず過去一〇〇年をふり返る必要がある。そこで、二〇世紀はどんな世紀だったかを考えてみる。大きな戦争があり、経済が大きく動くなど波乱の世紀であり、さまざまな側面があるが、ここでは、「科学技術文明」を形成した時代というところに焦点をあてたい。戦争も経済も科学技術と深く関わりながら動いていたことも考えて。

科学技術文明と「自然離れ」

科学技術文明もまた多様な側面を持っているが、生命誌という専門から、「自然離れ」というところに注目する。科学技術は進歩を求め、新しい機械を開発し、便利な生活を可能にしてきた。今私たちの日常生活を支えている家電製品、コンピューター、携帯電話などはいずれも、二〇世紀の産物だ。高層マンションに暮らし、新幹線やジェット機で移動する日常は二〇世紀以前には考えられなかったものである。ところで、本来人間は生きものであり、自然の一部である。しかし、自然は複雑であり、その中で暮らすのは面倒が多い。そこで、科学技術文明がつくり出した「人工世界」は利便性を求め、〈自然〉〈人工〉〈人間〉という形で人間と自然の間に入ることで、自然の面倒さから人間を解放した。猛暑日にも冷房のきいた室内で快適に過ごせるという身近な例を考えるだけで、その恩恵は明らかだ。

ただ困ったことに、それには大量の資源・エネルギーが必要であり、自然破壊、いわゆる環境問題を起こすこととなった。また、どれだけ進歩した社会に暮らそうとも人間自身が生きものであり、自然の一部であることは変わりようがない。そこで、自然離れを求め、自然破壊をする性質を持つ科学技術社会では人間という自然（内なる自然と呼ぶことができる）も破壊されることになった。具体的には、私たちの体や心がうまくはたらかない状態を生み出したのである。事実、進歩を求め、効率一辺倒で厳しい競争を強いる現在の社会では、心や体の不調を訴える人が少なくない。

「生命科学」と「生命倫理」

ここからの転換が今求められている。人工世界を否定するのではなく、自然・人間・人工の新しい関係構築を模索しなければならないのである。そのためには、自然とはなにか、生きものとはなにか、人間とはなにかを解明する必要がある。しかも、科学や科学技術を否定することなしに転換を求めるには、科学による自然・生命・人間の理解が不可欠である。そこで「生命科学」の重要性が浮かび上がる。ところが、現行の科学はその根底に機械論的世界観を有し、生きものをも機械と見ている。しかも社会から産業化に結びつく成果を今最も強く求められる分野が生命科学であるという状況もある。

そこで、自然・生命・人間そのものに向き合うことはせずに、生命体を機械と見て効率よく機能を生かすという成果を求めての研究競争が激化しているのが実状である。ゲノム解析を基にする医薬品開発、細胞に依存する再生医療、遺伝子組み換え植物による食料生産など、社会から強く求められるのはこのような分野である。その重要性は否定しないが、これらは基本的課題である自然離れを考え直すことにはつながらない。むしろ、生命体そのものを対象とする分野であるだけに生命科学が最も問題を抱えることになってしまっているとも言える。

このような生命科学のありようへの疑問は一九七〇年代から出されており、その頃、米国で「生命倫理」という分野が生まれた。生命科学による生命の操作に対して自然・生命・人間という視点から抑制をかける役割を持とうとしたのである。しかし、これまでの活動で、機械論で進む科学技術文明の中ではその抑止力は弱いことが明らかになっている。

科学と倫理の対立を超えて価値観の転換をするところにしか解決の道はない。生命科学は自然・生命・人間に正面から向き合い、世界観を機械論から生命論へと転換する役割を果たす必要がある。そこから〈自然・人工・人間〉を一体化した新しい科学技術文明を組み立てることに挑戦することこそ、生命科学の本来の姿である。

中村桂子（なかむら・けいこ）

一九三六年生まれ。JT生命誌研究館館長。専門は生命誌。著書に『科学者が人間であること』（岩波新書）、『ゲノムに書いてないこと』（青土社）、『知の発見――「なぜ」を感じる力』（朝日出版社）ほか。

第Ｖ部

変貌する学と美

第Ｖ部では、学問と芸術の行方を探りたい。
情報通信などの技術革新により
自然科学をはじめとする学問の世界には
変動の波が押し寄せ、
一方で大学などの教育現場は変化を迫られている。
文学や美術などの芸術表現にも新しい動きが起きている。
人間にとって最も根源的な「知」の行方をめぐり、
文明史的な視野からも探っていきたい。

第Ⅴ部　変貌する学と美──討議

大停滞後の文明と知識・教育・芸術

山崎正和×広井良典

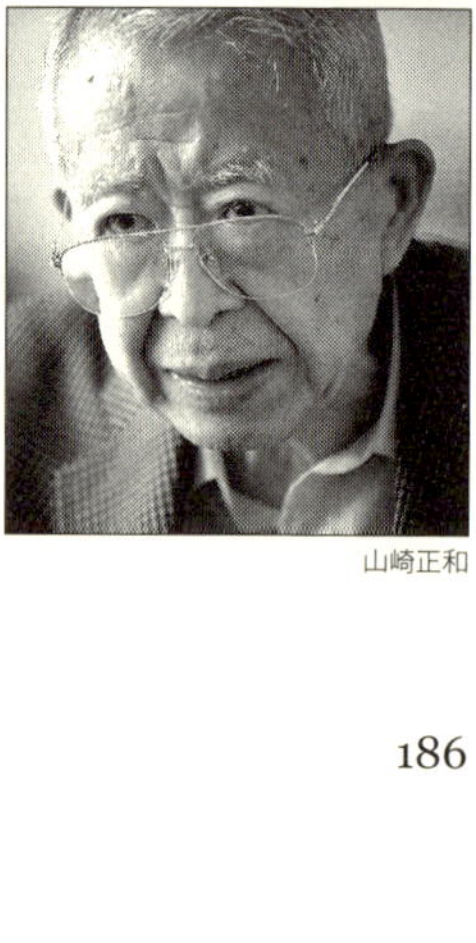
山崎正和

活字文化衰退、危機的──山崎正和

情報文明から生命へ──広井良典

山崎正和　世界の文明がグローバル化の方向に進む中で、広井さんはローカルな文化の可能性に期待をかけていますね。でも、戦時中に幼少期を送った私にとってローカルは権力や因習の末端でもあり、隣組や「向こう三軒両隣」の付き合いを押しつけられるという問題もありました。そこで私が注目したのは社交です。社交は宿命的に結び付けられたローカル性でなく、一人一人が選び取った、顔の見える関係としてのローカル性です。出入り自由で、個人の自由が保たれている。今後も社交的な関係は育ってほしいが、古いタイプのイエやムラは復活してもらいたくありません。

広井良典　日本社会の場合、個人の独立は重要です。放っておくと、共同体や集団の「空気」にどんどん個人が吸収され流れていってしまう。かといって、近代的な原理だけでは律し切れない問題がさまざまな形で出ています。近代の原理の良い部分は維持しながら、欠けている部分を補っていく必要がある。山崎さんは著書『世界文明史の試み』で、想像しうる未来の姿として「進歩の観念抜きの近代文明世界」を挙げています。つまり環境を手段として改変し、ただ坂道を上っていく方向ではなく、現在を充足して生きられる文明を目指すべきだと論じていますが、本質的な問題提起だと思います。

山崎　困った事態は、グローバルでもローカルでもない「流行」が今、世界を動かしていることです。例えば、日本のアニメや漫画が世界に広がっています。出発点は確かにローカルですが、たちまちグローバル化し、内容もきわめて画一的です。おしゃれの流行も同じですが、論理的対話抜きの付和雷同、気分だけの他人志向が世界を覆うのは、怖いことです。

広井　私は毎年ドイツに行っていますが、駅の本屋にまで「ＭＡＮＧＡ」のコーナーができているほど、日本の漫画やアニメは存在感があります。漫画やアニメ、アキハバラなどは文化面での日本の発信力として強力で、どう評価するかは面白いテーマですね。

山崎　漫画やアニメの隆盛に反感は持ちませんが、文化に関して何か重しになるものがなくなってきている。それは活字文化です。大学生が新聞をあまり読まなくなり、コミュニケーションは専らツイッターやフェイスブック、スマホのラインなどで取っている。危機的状況を感じます。

広井　今の日本ではネット社会が新しいムラ社会のようになっていて、若い世代はそこに属していないと不安を覚えるようです。

山崎　日本だけでしょうか。

広井　日本に特徴的だと思います。ドイツなどで感じるのは、日本のほうが電車の中などでスマホを見ている人の割合がずっと多いことでした。本来、ネットというのはコミュニケーションを開いていくはずなのに、日本の場合は閉じたムラ社会を強める方向に働いている印象があります。

山崎さんは『柔らかい個人主義の誕生』（中央公論社、一九八四年）で個人の緩やかなつながりを新しいコミュニケーションのあり方として提示しましたが、今後はどう変わっていくでしょうか。

山崎　あの本で書いたことが間違っていたとは思いませんが、希望的観測が強すぎたという反省はあります。人々はもう活字なしで暮らせると思うような事態になりつつあり、将来的には社会の階層化が起こるのではないかと恐れます。活字によって論理的思考になじんだ知的基盤社会を担う一部の人々と、活字を読まない多数の人々に分かれていく可能性がある。

広井　科学史の観点からいうと、情報文明は既に飽和段階、ポスト情報化に入りつつあります。インターネットの文明はこれからもまだ強力に進んでいくでしょうが、一方で人々は情報化にマイナス面も感じ始めています。次なる概念としては「生命」、それも要素還元主義的、機械論的な生命科学ではなく、もっと自然の生命の持つ内発的な力が注目されています。物理学者のホーキングも「宇宙の自発的生成」ということを論じてますね。

純粋化する学問、芸術――山崎正和
多様性、個別性模索を――広井良典

山崎　もしパラダイム転換があり得るとしたら、これから先のことかもしれません。七〇億の人口は地球の生産力に比して多すぎ、ましてや現在のエネルギー消費は持続不可能です。このままで行けば、いずれ何かが起こる。国連など今の世界秩序のあり方も役に立たなくなる可能性があります。今われわれは、ちょうど崖っぷちにいて下をのぞいている。上に向かう道は見えず、落ち込む穴だけが見えている状況ではないでしょうか。

広井　私は今が人類史上で3度目の「定常化」の時期に差し掛かっていると考えています。これからは国連だけでなく、より多元的な仕組みが必要になるかもしれません。つまり地球上の各地の風土的・文化的多様性をも織り込んだ、ひと回り大きな普遍性です。

文明史、人類史から見て大きな分岐点に立っているのは確かで、山崎さんのいう「進歩の観念抜きの近代文明世界」は一つのビジョンになります。言い換えると、限りない拡大・成長を志向するのではなく、もう少し「現在」を享受する姿ではないでしょうか。

山崎　「日本列島総修繕」の時代に入るのは確実です。高速道路や建物だけでなく、教育や医療制度、高齢者問題など、進歩・発展ではなく修繕が求められている。厄介なのは、大きなレンジで見れば人類は同じ方向へ進んでいるのに、短いレンジで見ると全く違うことです。二酸化炭素の問題一つ取っても、途上国と先進国の言い分は食い違う。世界規模でパラダイムを考えるのは極めて難しい。

近代以降の学問、芸術に関していえば、共通しているのはジャンルの多様化、専門分化が進み、それぞれが自立性を求め、純粋化を強めたことです。学問の閉鎖性と発展が並行して進んだ結果、「知」全体をどう開いていくか、学問相互をいかに架橋するかは難しい課題になっています。美術などの芸術も、近代になって「世界を認識する方法」と見なされるようになった。写実的な表現に飽き足らなくなり、特に二〇世紀に入ると、ひたすら新しさを求め続けたため、分かりにくいものになってしまいました。もっとも、芸術はやがて認識論の呪縛を絶って、それ以前のところへ戻っていくと思います。

広井　科学については、希望をこめていうと、個体を超えた関係性や自然の内発性をめぐって、文理や専門分野を超えた横断的な交流は出始めています。それを踏まえ、どんな展望が開けるかはまだ見えませんが。

山崎　純粋化の延長線上では解決できない問題がたくさんあります。

広井　いわば関係性の科学、あるいは多様性・個別性の科学がいかに可能かという課題でもありますね。一つの法則に全てを還元する世界観ではなく、環境の多様性や相互作用を見ながら、メタレベルからの普遍的な原理も持ち合わせている科学を模索することが手がかりになると思います。

山崎正和（やまざき・まさかず）
一九三四年生まれ。劇作家、評論家、演劇研究者。サントリー文化財団副理事長、大阪大学名誉教授、文化功労者、日本芸術院会員。著書に『山崎正和著作集』（全一二巻、中央公論社）のほかに、『大停滞の時代を超えて』（中公叢書）、『日本人はどこへ向かっているのか』（潮出版社）ほか。

第Ⅴ部　変貌する学と美——現代史の分割・再編

冷戦の思考を超え、現代史の再編へ

中島琢磨

「五五年体制」論の陥穽

すでに戦後は七十数年を超えている。この長い現代史を振り返ったときに、私が気になるのは、冷戦時代に生まれた政治の見方や分析枠組みが、現在、逆に戦後政治の多様さや実態を見えにくくしてしまっているという問題である。

一般に政治史では、高度成長期に政治学者の升味準之輔が提起した「五五年体制」論に沿って、政治の対立状況を説明する。高校の日本史の教科書でも登場する重要語句だが、分かりやすい半面、自民党と社会党の対立構図のみをもって、冷戦時代の政治状況が語られてしまう傾向を生み出した。

実際には、保守・革新両陣営内の議論の幅は相当広かった。たとえば自民党内では、日米安保条約の再検討や在日米軍撤退論など、安保政策をめぐる多様な考えがあった。社会党内でも、石橋政嗣（元書記長、委員長）らによる現実路線への変革の試みがあった。しかし社会党については、社会主義と非武装中立論による非現実的イメージが過大に喧伝され、国会での追及力の高さなど、当時の政治的影響力が過小評価されてきた。

野党の社会主義イデオロギーに対する評価と、その政治的影響力の大小は、区別して理解されるべきである。安保改定や沖縄返還が争点だった五〇年代から六〇年代にかけて、各野党の国会での影響力は現在より大きく、政権は野党と世論の動向を踏まえてアメリカと交渉せざるをえなかった。

今日、野党は四分五裂し、与党自民党と対峙する力が非常に低下している。冷戦期の野党の政治的影響力の高さを理解しなければ、政党政治の後退という現在の問題の深刻さを理解することはできない。

進歩的知識人と保守的知識人の評価軸

戦後、日本人の政治的価値意識と政策の評価軸は、冷戦の影響を強く受けながら形成された。進歩的な知識人と保守的な知識人が、それぞれに現代史を論じ、日本では現代史観の分割とも言える状況が形成された。

おもな評価軸は日米関係のあり方だった。坂本義和など進歩的知識人たちは、自民党が支持する日米の安全保障関係に批判的で、高坂正堯《まさたか》など保守的知識人たちは、吉田茂の選択が日本の経済成長の前提だったことを重視して戦後政治を論じた。

冷戦終結により、国際秩序は変化したが、日本ではその後も冷戦時代の政策評価軸が継承された。西側陣営の勝利の影響から、国内では保守的知識人の歴史観が広まった。しかし、経済中心主義を軸としたその歴史観も、バブル経済の崩壊と不況による日本の経済力の低下により、揺らいでいるように見える。

本来ならば、冷戦終結後、それぞれの歴史観を再検討する作業が必要だった。だが、私を含め冷戦終結後に研究を始めた世代の研究者は、価値意識の問題に踏み込んで現代史を論じることへの躊躇があり、経験不足の面もあった。他方シニア世代の研究者にとっても、冷戦時代に醸成した価値意識を相対化することは、アイデンティティーにかかわる問題で、容易でなかったはずである。結果として現代史では、先に資料が開いた外交史の解明が進み、内政面とくに与野党の権力対立の実態解明が遅れている。

冷戦時代の歴史像から抜け出し現代史の再編を

冷戦終結から四半世紀が経とうとする今日、冷戦時代の歴史像の分裂状況から抜け出し、現代史を再編することが重要である。そのためには、世代を超えた、冷戦時代の諸価値からの解放が必要と思われる。

冷戦時代の与党自民党については、実現した成果と残された課題を共に見据えた評価がなされるべきである。野党については、イデオロギーは別として、実際の国会での論争力や駆け引きの能力を含めて、権力との対峙状況を描き出す必要がある。

また進歩的知識人の歴史観には、戦争体験に基づく平和主義的価値観と、ソ連や中国の社会主義への親近感とが混在している。前者は現代史が引き継ぐ価値として評価されるべきである。一方、保守的知識人の歴史観には、戦後の民主主義的価値に加え、戦前の政治的価値が内在している場合もあり、前者の抽出と継承が求められる。

冷戦時代の政治的諸価値を見つめ直し、権力対立と政策対立の双方の観点から、戦後政治を正確に描き出すことが必要である。そこから、現代政治への新たな示唆は生まれるのではなかろうか。

中島琢磨（なかしま・たくま）
一九七六年生まれ。龍谷大学准教授。専門は政治学・日本政治外交史。著書に『高度成長と沖縄返還――一九六〇～一九七二』（吉川弘文館）、『沖縄返還と日米安保体制』（有斐閣）ほか。

第Ⅴ部　変貌する学と美――詩の冒険

歴史を喚起する詩の冒険へ

管啓次郎

詩の目的を訊《き》かれるたび、こう答えてきた。詩は何かを思い出させる、人の気分を変える。言葉の連なりが読む者の心に連想の嵐を生み、情動をかき乱す。はっきりした何かを思い出させるのではないが、突然強い風が吹いてきて落ち葉が舞い上がるように、記憶は浮遊し、心は鋭敏になる。そのとき心の気象も変わり、陽《ひ》がさす、雲が飛ぶ、雨が落ちてくる。私たちは新しい力を得て、目の前の状況に立ち向かおうとする。そう、詩は生きるための力を与える。それは詩に限らず、あらゆる芸術と学知のもっとも基本的な作用だろう。

ところで心とは、人が生存のために作り出す装置だ。そして心は、あくまでも社会とその歴史によって枠組みを与えられている。先日、美術家・岡部昌生さんとともに北海道の旧炭鉱地帯を訪ねる機会があったのだが、詩がめざすものについて示唆されるところが非常に大きかった。それを記してみたい。

詩がめざすもの

岡部さんの手法はフロッタージュ。対象物の表面に紙をあて、その凹凸を鉛筆やクレヨンで「擦り取る」。擦り取る表面は、たとえば広島の爆心地、福島の放射線警戒区域の防潮堤、夕張の炭鉱の遺構など。類例がない孤高の芸術家だ。表面は、その場所で起きたすべての出来事の痕跡を留めている。手の激しい往還によってそうした痕跡を転写することは、それ自体が言葉を使わない、別のかたちの歴史記述なのだといっていい。

実際、ある場所に立っても、われわれは何も知らないのだ。社会はすべてを忘却する。覚えているのは一部の当事者、目撃者だけ。だが忘れてはいけないこと、思い出さなくてはならないことがある。そのとき、場所の表面を唯一の手がかりとして記憶を呼びさまそうとする努力が、大きな意味を帯びてくる。自然力と人間世界の界面で起きた事件、そこを流れていった集団的な心。過去と現在のあいだに一枚の紙をさしはさむことにより、見えてくることがある。この美術家の仕事に、ぼくは詩の創作との同型性を、強く感じる。

札幌で岡部さんたちと「近代」をめぐる話をした翌日、三笠市奔別《ぽんべつ》にある炭鉱跡を案内してもらった。少年の目が見た炭鉱の生活世界をよく教えてくれる好著『明るい炭鉱』（創元社）の著者・吉岡宏高さんのお話を聞きながら改めて思ったのは、あるひとつの産業の時代は意外に短いということだ。「近代」はまさに石炭をエネルギーとして離陸した時代だった。化石燃料の大量消費は今も続く。だが時代とは重層的に流れるもので、成長や拡大を原理として進んできた近代は、すでに破綻している。岡部さんが擦り取りの対象として選んできたのは、広島にしても福島にしても北海道にしても、まさに近代の破局が露出した地点ばかりだ。

歴史を思い出させ社会を変えるために

奔別には地下千メートル近い深さの立て坑にケージを降ろしてゆくための櫓《やぐら》が残っていて、秋の青空にそびえるそれには恐ろしいほどの喚起力があった。過去を思い出せと呼びかけてくるのだ。それを見ながらぼくは、詩の新しい視野が開けてきたように思った。一言でいうと産業を問題化する詩。通常の歴史記述には浮上しない歴史を思い出させる詩だ。その見事な例として、新井高子の『ベットと織機』（未知谷）をあげようか。群馬・桐生の織機工場をモチーフとして、終わった産業の、忘れられた娘たちの声がつむがれる。あるいは原発以後を幻視しつつ今そこに実在する原発を苛烈に批判する、和合亮一の『廃炉詩篇』（思潮社）。二〇一三年に出版されたこの二冊の詩集は、いずれも産業を対象化し近代という枠を見すえる想像力の冒険に、一歩を踏み出そうとしている。

もちろん詩の言葉は、歴史を明言的に提示するわけではない。技術に、経済に、自然力に翻弄されながら、共同体の経験と心のありようを別の時、別の場所の人々に思い出させようとするのだ。詩の目的は、と改めて訊かれるならば、今はこう答えたい。詩は歴史を思い出させ社会を変えたいと願う、そのために産業とライフスタイルを問題とする。そんな動きが、これからいよいよはっきり見えてくるだろう。

管啓次郎（すが・けいじろう）
一九五八年生まれ。詩人、明治大学教授。専門は比較文学者。著書に『ろうそくの炎がささやく言葉』（共編著、勁草書房）、『本は読めないものだから心配するな』（左右社）ほか。

第V部　変貌する学と美――教育としてのメディア

メディアは「教育媒体」になるか？

佐藤卓己

「メディア」という言葉

およそ一世紀前の一九一四年、第一次世界大戦が勃発した。「短い二〇世紀」の幕開けだ。その時点でメディアと聞いて「新聞・雑誌・放送」を思い浮かべる人はいなかった。

当時、メディア（media）の単数形ミディウム（medium）は、聖霊や巫女《みこ》などを意味する宗教用語、あるいは培養物質を意味する科学用語として使われていた。この複数集合名詞は第一次大戦以後、「広告宣伝媒体」の意味で使われるようになった。史上初の総力戦でアメリカの広告業者は、政治領域に巨大なマーケットを発見したのである。この戦争プロパガンダを踏み切り板として、アメリカで大量消費と大衆宣伝が結合した。『オックスフォード英語辞典』は大衆（マス）と媒体（ミディウム）を結合した新語「マス・ミディウム」の初出例として、一九二三年、アメリカの広告業界誌『広告と販売』の記述を挙げている。それは「雑誌・新聞・ラジオ」、すなわち広告宣伝媒体を意味していた。その後、社会の軍事化と情報の商品化が進み、今日ではメディアは「情報媒体」全般を意味している。

当然ながら、メディア研究が大学などで本格化したのも第一次大戦を契機としている。それ以後のメディア研究のパラダイムは、図「メディア影響研究の振幅」（佐藤卓己『現代メディア史』岩波書店より）で説明できる。グラフは、研究者が示したメディアの影響力評価の変動を示している。

初期のメディア研究は戦時プロパガンダや選挙宣伝など政治領域の短期効果を分析対象としていた。このパラダイムを一般に「弾丸効果モデル」と呼ぶ。受動的大衆の選好をメディアは自由に操れるという評価が前提とされていた。

しかし、テレビ時代に入ると経済領域における能動的消費者の日常生活に関心が集まった。番組を選択視聴する受け手に対するメディアの影響は先有傾向の補強にとどまるとする「限定効果モデル」が一般化した。

「宣伝媒体」から「広告媒体」へ、そして「教育媒体」へ

そして、二一世紀の今日は「新しい強力効果モデル」が絶頂期を迎えている。このパラダイムでは政治領域でも経済領域でもなく、文化領域における長期効果に関心が向けられている。カルチュラルスタディーズ（文化研究）の中核にメディア研究が位置するのはそのためだ。世代を超えて受け継がれる言語や記憶などへの影響は、遅延効果と呼ぶこともできる。

こうした遅延効果が特徴的な活動こそ教育である。教育の効果は一〇年、二〇年後に確認できるとしても、選挙宣伝のように数週間では明らかにならない。また、テレビCMのように明日の収益に直結するものでもない。教育とは、二〇年後の遅延報酬を信じる営みに他ならない。

結局、メディア研究のパラダイムシフトにおいて、メディアは「宣伝媒体」から「広告媒体」へ、そして「教育媒体」へと重心を移動させてきた。その上で、百年後の未来の期待を述べるとすれば、遅延報酬メディア、教育媒体としての成熟だろう。

インターネットは「教育媒体」になれるか

だが、今日の基軸メディアであるインターネットは最強の即時報酬メディアである。「いま・ここ」での快楽と効率を極大化するウェブ空間で、遅延報酬的な営み、つまり教育が成功するという保証はどこにもない。もちろん、教育分野でのインターネット利用はＭＯＯＣ（無料オンライン授業）、さらにはＴＥＤ（テクノロジー・エンターテインメント・デザイン）教育まで話題に事欠かない。

ただ、こうした実践においても、再び二〇世紀のメディア研究のパラダイム循環が繰り返される可能性は高い。つまり、ウェブ活用の「メディア教育」において、メディアは再び効率的「広告媒体」、さらに即効的「宣伝媒体」を意味するようになるのではないか。しかも、「メディア教育」の名において実践されることで、教育そのものも空洞化させるのではないか。

そうした懸念を払拭するためにも、新聞や放送などのオールドメディアがインターネットに飲み込まれることなく、遅延報酬的な価値のセイフティーネットとして十分に機能することが不可欠なのである。

佐藤卓己（さとう・たくみ）
一九六〇年生まれ。京都大学教授。専門は社会学、歴史学、メディア史。著書に『大衆宣伝の神話――マルクスからヒトラーへのメディア史』（ちくま学芸文庫）、『メディア社会――現代を読み解く視点』（岩波新書）、『歴史学』（岩波書店）ほか。

第Ⅴ部　変貌する学と美――在野が開く光景

国家からの自立を求めて

黒川　創

紀伊半島南部、熊野川の河口部に位置する和歌山県新宮市は、いま、首都圏から出向くのにもっとも時間を要する町の一つだろう。

先日（二〇一四年一〇月）、新宮を訪ねたとき、町の中心部から熊野川水系（北山川）をさらに二〇キロほどさかのぼり、九重《くじゅう》という集落まで足を伸ばした。広い河原に沿って走る国道から、いくらか小高い山ぎわに、廃校になった小学校の木造平屋建ての旧校舎が見える。懐かしさを覚える教室や職員室を転用して、地元にIターンで暮らす若い人たちが、カフェや書店、パン工房などを開いていた。

二〇一一年秋の豪雨災害が熊野地方を襲ったときは、北山川の増水で、ここも床上二メートル近くまで浸水したという。被害の大きさに、いったんは建物の取り壊しが決まった。けれど、復旧のボランティア活動に加わっていた若い人びとから、自分たちで修復するので、再利用させてほしいとの声が上がって、地域、行政も、それを受け入れるに至ったのだという。

熊野地方の山間の集落では、ここに限らず、空き家となった民家を安くシェアしたり、畑仕事を見覚えたりしながら、都市部から移り住んでくる若い世代が現われたと聞く。今世紀に入って、もはや彼らが、日本という国家単位での「経済」の浮沈を当てにできなくなったなかでの動きである。

西村伊作のこと

今度、私が新宮に出かけたのは、当地出身の西村伊作（一八八四〜一九六三年）の生誕一三〇年、彼の設計による自邸「西村家住宅」（重要文化財、現・西村記念館）築一〇〇年を記念する講演会に、招いてもらったからだった。

西村伊作は、地元で初の教会を設立した熱心なキリスト教徒を父に、北山川上流部（奈良県下北山村）の山林地主の跡取り娘を母として生まれたが、七歳のとき、震災で両親を失った。山林の資産を生かし、のちには、男女共学による自由な校風の私立学校、文化学院を東京に開設（一九二一年）したことでも知られている。だが、伊作自身は、学校は中学（旧制）までしか進まずに、むしろ独学で考えを凝らして、建築、絵画、写真、陶芸などにわたる実作を残す人物でもあった。

英語は宣教師たちから教わり、あとは辞書と首っ引きで洋雑誌なども読み込んで、最新の建築知識を身につけた。築一〇〇年の自邸「西村家住宅」も、みずから図面を引き、地元の大工たちを指図して、完工させた洋風建築である。家長が接客する応接間などを取り払い、家族生活本位に居間（パーラー）と食堂を中核に据えた設計で、これは当時の日本の住宅建築を占めていた通念より、いちじるしく先駆けて、新しい。それでいて、熊野の伝統的な民家の特色も、さりげなく取り入れ、生かしている。

再び「国賊」「非国民」という言葉が踊るなかで

生涯に少なくとも三度、彼は「国賊」「非国民」との罵声を浴びる時期を過ごした。最初は、幼時、まだ世間に珍しい、熱心なキリスト教徒の家族として。二度目は、二〇代なかばのとき、叔父（父の弟）で米国帰りの医師、大石誠之助が大逆事件に連座して処刑されたことにより、そうした〝逆徒〟につらなる一族の者として。そして三度目は、還暦間近な太平洋戦争下、文化学院での自由な教育方針を曲げず、〝不敬〟容疑で半年間、投獄されたときだった。

いや、もう一度――。

二〇歳のとき、国を挙げて日露戦争が盛り上がるなか、徴兵から逃げ、単身でシンガポールに渡って戦争が終わるまで身を潜めた。そのときも、故国の日本人たちからの罵声を彼は覚悟していただろう。

太平洋戦争の敗戦から、ほぼ七〇年を経て、このごろまた「国賊」「非国民」との罵《のの》り言葉が、メディアの上でも踊っている。戦争が近いのか？　たぶん、そうだろう。

けれども、国家の「経済」の行方をもはや信じず、穏やかな自立を求めて生きる若者たちが、こぞって、それに同調するとも、私は思わない。

黒川創（くろかわ・そう）
一九六一年生まれ。作家。著書に『きれいな風貌――西村伊作伝』『京都』（ともに新潮社）、『日高六郎・九五歳のポルトレ――対話を通して』（新宿書房）、『鷗外と漱石のあいだで――日本語の文学が生まれる場所』（河出書房新社）ほか。

第Ⅴ部　変貌する学と美――大学の死と再生

大学の未来は教養教育から

猪木武徳

日本の大学の未来像を描く場合、二つの極端な態度に陥りやすい。ひとつは、政府は無用な心配、余計な干渉をしないで、そのまま「成り行き」に任せるという姿勢だ。競争による淘汰があり、少子化現象も確実に作用し、需要と供給の法則通りに大学の数と質の最適な配置図ができ上がるというもの。

いまひとつは、現況のままでは日本の高等教育の根本問題は改善されず、日本は経済競争だけでなく知的・文化的な競争にも敗れざるを得ない、だから次々と対策を打ち出さねばならないという強迫観念に襲われることだ。

「放任策」にも「改革フィーバー」にもある落とし穴

もちろん、いずれの態度も無責任と軽佻浮薄《けいちょうふはく》のそしりを免れない。前者の「放任策」は、教育と研究を大衆社会の「裸の競争」にゆだねることの危うさを考慮していない。実業界からの社会的要請は無視できないものの、社会的要請そのものの妥当性を批判的に吟味することを忘れてしまっている。後者の「改革フィーバー」のほうは、現状のどこが問題なのかをゆっくり考えずに政策目標を立て、それに向かってやみくもに突進してしまう可能性がある。多くの先進諸国で改革の動きはあるが、日本の過熱ぶりには、

「改革」が手段ではなく目的になるような倒錯現象が見られないだろうか。

これら二つの態度は、どちらもそのままでは善い解決をもたらさない。いずれにも落とし穴がある。教育と研究の競争は、概して、短期的効果を狙った行動に支配されやすい。教育も研究も、その効果が表われるのにはある程度の年月が要る。そして「こうしたから、そうなる」というほど単純なものではない。外的な刺激だけではなく、内発的な力が生まれない限り、お金を注ぎ込んでも目に見えて成果が現れるわけではない。今回めでたくノーベル物理学賞に輝いた三人の日本人研究者の受賞対象となった業績も、近年の「選択と集中」方針による「強い大学」への研究費の重点的配分体制に移る前の大学、あるいは企業内で取り組まれた研究が生み出したものであった。

成果への報酬に差を付けることは「励み」を与える。しかしあまりにも大きな格差は研究面での不正を誘発し、短期的評価は地味で長期を要する研究の芽を摘んでしまいかねない。科学研究の世界も、「偶然」によって支配される可能性があることは多くの優れた科学者の語るところだ。科学研究と一口にいっても、巨大な実験設備を要するものから、ほとんど紙と鉛筆だけの世界まで、その内容とスタイルは多種多様で一般化は難しい。したがって、限られた少数の大学に期待をかけて多額の研究資金を投入することには大きなリスクが伴う。

大学はどのような形で生き残るか

大学はどのような形で生き残るのだろうか。研究大学院大学、専門職大学院、教養教育大学、技術教育中心の工科大学、医科大学など、大学のタイプとその特性がはっきり分化してゆくだろう。かつて筆者は、医学や工学は総合大学とは別組織とし、一部の大学は本格的な教養教育のカリキュラムを提供できるような体制にすることが必要だと述べた。基本的に大学は、大学でしかできない教育を引き受けるべきだということだ。

今後、情報や知識は企業、民間の研究所など大学以外の場所から得られるようになる可能性がさらに高まる。技術変化の多い社会で直接役に立つ知識や技能は、大学教育によってではなく、実際の仕事を通して獲得されるものがますます多くなるだろう。

したがって、大学は、生半可な実務教育をほどこすのではなく、数理的な訓練と、国際的な知的競争の場で求められる言語表現を核とした教養教育に力を注ぐ必要がある。英語教育を小学校からとか、「感じたことをそのまま書きなさい」といった散漫な作文教育ではなく、古典を含む人文学や社会科学の遺産をよく学び、自らの考えを、まず母語で正確にそして豊かに語る能力、説得力のある文章を書く技術を養うことが、これからの大学の教養教育の中核を占めるべきだとわたしは思う。

猪木武徳（いのき・たけのり）
一九四五年生まれ。大阪大学名誉教授。国際日本文化研究センター名誉教授。専門は労働経済学・経済思想・経済史。著書に『経済学に何ができるか――文明社会の制度的枠組み』（中公新書）、『自由の思想史――市場とデモクラシーは擁護できるか』（新潮選書）ほか。

第Ⅴ部　変貌する学と美――美的観念の転回

他者への寛容を喚起するアート

建畠　晢

「これからなるべく役に立たないことを勉強しましょう」といって講義を始めたという数学者の話を聞いたことがある。今なら学生たちのブーイングが起きかねないエピソードだが、かつての大学にはそうした〝象牙の塔〟としてのプライドが、つまり学問のための学問をよしとする気風が息づいていたのだ。

同じことはアートの世界についてもいえたはずである。そもそもこの〝象牙の塔〟という揶揄《やゆ》からして、一九世紀のフランスの批評家サント・ブーヴがある芸術至上主義の詩人を評した言葉に由来しているのである。二〇世紀後半に至るまではアートは現実の社会とは関わらない閉鎖的な世界だと思われがちであったし、たまに〝塔〟から街中へ出ていった連中がいたとしても、さらにやっかいなことに彼らは社会に対して反逆的であることを挑発的に標榜しがちであったのだ。

地域社会の振興に寄与するアート

二一世紀に入って、そうしたアートを巡る光景はすっかり様変わりしてしまったように思える。たとえば日本では最近、自治体が主催するトリエンナーレやビエンナーレ形式（前者は三年に一度、後者は二年に一度の意）の大規模な国際現代美術展が次々と創設されるようになっている。今夏には札幌が参入し、京都でも来春開催の準備が進められているのだ。

ブームともいうべきその全体を俯瞰《ふかん》すると、どうも〝アートのためのアート〟のプロジェクトとは程遠い性格を有しているように思える。現代美術の展覧会というと、美術館では一万人も入ればいい方だが、国際展では一〇〇万人とか五〇万人という途方もない大量観客動員に成功している例が稀ではない。各地が競うように設立し始めたのも、都市間の文化的な覇権争いということもあるが、それ以上に村おこし、町おこしの力や観光客増などの経済効果が期待されているに違いない。

大規模国際展の嚆矢《こうし》となった越後妻有トリエンナーレ（第一回は二〇〇〇年）が典型的な過疎地のイベントとして脚光を浴び、その翌年にスタートした都市型の横浜トリエンナーレもまた予想をはるかに上回る観客動員に成功したことが、アートが地域社会の振興に寄与するという発想に火をつけたのである。

それまでは象牙の塔にこもったもの、反逆的なものと見なされがちであった先端的な現代アートのプロジェクトが、住民や自治体、商店街などの歓迎を受けることができ、しかも一過性の盛り上がりで終わることなく今日まで支持を獲得し続けているのは、なぜなのだろうか。私自身、いくつかの国際展の芸術監督を務めてきたので客観的なことは言えないが、現場の感覚としては、市民はトリエンナーレやビエンナーレが醸し出す非日常的な祝祭感を楽しんでいるのであって、必ずしも現代アートの作品自体に理解が及んでいるということではなさそうである。

他者への想像力を換気するアート

それだけでは花火大会と変わることがないではないかという批判が聞こえてきそうだが、私はそうは思わない。少なくとも人々は世界のさまざまな地域から来たアーティストたちや作品群に喜びをもって接しているのであって、そのことは文化的な他者に対する包容力や寛容さを市民社会にもたらすことに多少なりとも貢献しているはずなのだ。アートが地域の振興に寄与するとすれば大いに歓迎されるべき話だが、しかし経済効果がなければ不要だということにはなるまい。地域的、民族的、宗教的、言語的な他者に対する想像力やポジティブな関心を喚起するのもアートの効用とされてよいのである。

「アウシュヴィッツの後に詩を書くのは野蛮である」とはドイツの哲学者、アドルノのよく知られた言葉である。たしかにそうかもしれない。詩はアウシュヴィッツに対してなすすべがなかった。しかし再び不寛容に向かおうとする時代に対して、詩は警鐘を鳴らすことはできるかもしれない。数年前の大震災とそれに続く原発事故を前にして、私は苦い思いとともにこの言葉の意味を反芻せざるをえなかった。そう、ひょっとして、と私は思う。あの懐かしの〝象牙の塔〟とは、そのような批判精神がひそかに宿る場所ではなかったのか……。

建畠晢（たてはた・あきら）

一九四七年生まれ。埼玉県立近代美術館館長。多摩美術大学学長。元国立国際美術館長、京都市立芸術大学学長。専門は現代美術。著書に『問いなき回答——オブジェと彫刻』（五柳書院）ほか。詩人としては高見順賞、萩原朔太郎賞などを受賞。

第Ⅴ部　変貌する学と美――文学の再誕

新たな歴史、新たな文学へ

三浦雅士

ポスト「吉本・大岡」

文学はいまや、瀕死の状態にあるというべきだろう。

例を挙げる。たとえば詩。一九六〇年代、七〇年代には、少なくとも吉本隆明と大岡信という二人の詩人批評家が、詩人たちに拠るべき地図を提供していた。地図あるいは年表。自分たちがいまどこにいて、どのように進むべきかを知るためには必須のものだ。吉本はマルクス主義に依拠し、大岡はそれに叛旗《はんき》を翻していた。だが、それが八〇年代なかばから提供されなくなった。吉本が転向したからだ。良くも悪くも、吉本の人間探求の過激さがマルクスの限界を突いてしまったのである。大岡は吉本に対して、自身の感性だけをたよりに、いっそう広い視野を示すことで対抗してきたのだから、ひとつの時代が終わったようなものだ。私がかつて現代詩はマルクス主義とともに終わったと述べたのはそういう意味だ。

文学・社会科学における脱マルクス主義化

詩は文学の中心である。文壇で大岡の位置にあったのは、山本健吉、吉田健一といった批評家たちだ。

詩壇における『荒地』と文壇における『近代文学』はしばしば対応関係におかれてきたが、この二つのグループは、共産党という具体的な党派などとは関係なく、マルクスの重要性を暗黙の前提としていたのであり、山本や吉田はそれに対抗していたのである。詩壇のほうが見取り図を描くに便なのは文壇以上に純粋だからだ。詩は小説と違って売れ行きに左右されない。だが、小説史もまた本来的にはベストセラー史ではありえないのである。詩壇において地図が提供されなくなったことで痛手を受けたのはむしろ文壇であり、小説家たちであったというべきだ。彼らもまた自分たちがいまどこにいて、どのように進むべきか皆目見当がつかない状態に陥ったのであり、いまも陥っている。たよりになるのは売れ行きだけということになってしまった。

矮小なことを述べているのではない。これは全世界的な現象なのだ。二〇世紀なかばにあっては欧米においてもマルクス主義者でない文学者のほうが稀だった。だからこそマッカーシズムという共産主義恐怖症も起こりえたのである。マルクス主義はソ連崩壊の四半世紀前に終わったが、同時に、世界に影響を与える大物詩人、大物小説家も消えてしまった。

文学においてだけではない。同じことが社会科学全般において起こったことは、歴史学が端的に示している。吉本の転向と同じ事態が、いっそう拡大されたかたちで、たとえばアナール派、すなわちブローデルからウォーラーステイン、そしてフランクへといたる流れにおいて起こったのである。

フランクにいわせれば、マルクスもウェーバーも徹頭徹尾ヨーロッパ中心主義者なのであり、ウォーラーステインの近代世界システム論でさえもその残滓にすぎない。虚心にこの五〇〇〇年の経済史を見れば、世界システムはむしろ中国を中心に動いてきたのであり、ヨーロッパなど辺縁にすぎなかった。

新たな歴史・文学は、古典に耳を傾けることから始まる

社会科学全般になお残るマルクス主義の残滓を笑うのではない。吉本と大岡の後に、説得力ある文学史が提示されないのは、たんに優れた詩人批評家が登場しないからではない。ヘーゲル・マルクス流の歴史観、いや、ユダヤ教、キリスト教、イスラムと続く一神教の歴史観がほぼ全面的に説得力を失って以後、それに代わるものを打ち立てることができない世界的状況を反映しているにすぎないのだ。途方に暮れているのは日本人だけではない。

だが、危機は好機。歴史と文学を離れて人間がありえないことは、言語を取り去れば人間はもはや人間ではないのと同じことだ。いずれにせよ人間は、新たな歴史、新たな文学を生み出すほかない。それがどのようなものになるか予測などできはしないが、しかし、言語が体験してきたこと、すなわち古典に虚心に耳を傾けることから始めるほかないことは疑いない。ルネサンスにおける新プラトン主義の重要性を、二〇世紀におけるマルクス主義を引いて説明したパノフスキーのことが思い起こされるが、生とはつねに再生であるほかないのである。

三浦雅士（みうら・まさし）
一九四六年生まれ。文芸評論家、舞踊研究者。著書に『出生の秘密』（講談社）、『漱石——母に愛されなかった子』（岩波新書）、『人生という作品』（NTT出版）ほか。

あとがき

大井浩一

この本、『２１００年へのパラダイム・シフト』について語る時、やはりまず共編者の広井良典さんからいただいたご厚意に触れないわけにはいきません。これが一書として成立するに当たっては、広井さんの尽力なくして全くありえなかったことを初めに銘記しておきたいと思います。

実は、大変失礼ながら、広井さんと私が最初に直接会ったのはいつ、どこでだったか、よく覚えていません。もう一〇年以上前、国政選挙の際に企画した毎日新聞文化面のインタビュー・シリーズに登場してもらい、東京・竹橋の本社へ来ていただいた時だったと思うのですが、それ以前にも何度か文化面等に原稿執筆はお願いしていたはずです。当時も今と同じく学芸部の記者だった私はまた、以降も広井さんにたびたび取材や寄稿の依頼を重ねてきました。

いずれにしても、二〇一一年三月の東日本大震災と福島原発事故から自分なりに大きな衝撃を受けた私が、担当する紙面の中で何か意味のある連載ができないか、と思いめぐらし、現代文明のあり方を根底から問い直すシリーズを展開しようと考えた時、相談に乗ってもらう専門家としてまず頭に浮かんだのは広井さんでした。周知の通り、広井さんは専門が科学史・科学哲学、そして公共政策とすでにして幅が広いだけでなく、定常化論に代表される文明論、さらに文理の融合といった知の枠組み自体の議論にも深い関心と見識を持っておられるのを知っていたからです。

このシリーズは当初から新聞の外の筆者による寄稿で構成しようと考えていたのですが、一応のテーマ設定や執筆者の腹案をもたずさえて東京・六本木のホテルのラウンジで広井さんとの打ち合わせに臨んだのは、四年前の一月でした。広井さんは予想以上にこの企画を面白がってくれ、「私でよければ」と連載の監修と対談・執筆で紙面に関わることを快諾してくださったのでした。

結果から記すと、毎日新聞夕刊（一部地域では朝刊）文化面のシリーズ「パラダイムシフト」は、二〇一三年四月から翌一四年一二月まで週一回、第一部～第五部にわたって計四七回（部間に休載時期あり）掲載されました。ちなみに「パラダイム」とは、米科学史家トーマス・クーンが著書『科学革命の構造』（一九六二年）で用いた概念で、「科学研究を一定期間先導する模範的な業績」といった意味の言葉です。あるパラダイムに基づく研究において解決できない事例が蓄積し、危機に陥ると、新たなパラダイムが出現する――このようなパラダイムシフト（パラダイム転換）が科学革命をもたらすとされ、コペルニクスの地動説やアインシュタインの相対性理論が例に挙げられます。現在では人文・社会科学にわたる広い領域で、この語は「ある時代の考え方の枠組み」のような意味で使われるようになっていますが、このシリーズでもこうした一般的な意味で用いています。

紙面では「『核』なき社会」「脱『成長』への道」「紛争と国家の行方」「新しい倫理」「変貌する学と美」と題した各部とも、初回に対談を掲載しました。少し順番を入れ替えていますが、それが基本的には本書の構成となっています。対談はいずれも広井さんにホスト役を務めてもらい、それぞれのテーマについて大きく課題を総ざらいしました。対談相手と寄稿の執筆者には、国際政治から生命科学までの専門研究者、作家、ジャーナリストなど、個別の課題に詳しく、しかも「今まさに起きようとしている転換《シフト》」の意味を的確に、またユニークな視点から論じてもらえる方々を考え、依頼していきました。この人選に際しても、広井さんからさまざまなアドバイスをいただきました。

もちろん、それぞれの論考が独自の将来像を描き出しているのは読んでいただければ一目瞭然ですので、ここで全体を単純に一括りにすることはとてもできませんし、それはしません。しかし、どのテーマ、課題を扱った論考に関しても、「現状のままでは破綻を避けられない」という危機感は共通しているように思われます。なお本書では、執筆者の皆さんに、新聞掲載時の原稿にその後の時代の変化にそくして加筆・修正をしていただいています。また、新聞連載されたものに加えて、新たに五人の方々に論考を寄せてもらいました。

そのことを確認したうえで、シリーズの企画・編集にたずさわった者としての感慨を一つだけ述べておきたいと思います。このシリーズを連載する中でいわば私自身に生じた、ある種の「転換」ですが、パラダイムシフトとは、それが「起こっている」とか「起こりそうだ」と観察ないし観測する対象なのではなく、私たち現代人が自ら「シフトさせるべきもの」であり、主体的に「起こさねばならないもの」だという確信に似た思いの到来でした。

では、シフトさせるべき状況が今、目の前にあるとして、私たちはいったいどこから手を付けるべきなのか。――こうした疑問が当然浮かんでくるわけですが、これについては本書に収められた多様な論考を手がかりにして、ぜひ読者のみなさん一人一人に考えていただきたいですし、必要な素材はここに豊富に盛り込まれているはずです。私自身はといえば、次のようなことを考えます。例えば、原発（これを作家の村上春樹さんは「核発」と呼ぶべきだと提唱しています）政策の見直しについて、「再稼働反対」の連呼でははない仕方で問い続けることが可能な「考え方の枠組み」を模索する、そのための新聞報道のあり方を追求すること、また、そのために専門的にも普通の生活感覚としても有効かつ納得できる多角的な視点と転換の方途を提示し続けること。新聞の中でも主として文化・学術のジャーナリズムに関わる私は、このような自分の持ち場から、地道に粘り強く「声」を届けていきたいと念願しています。

最後に、新聞連載での監修に加えて、本書に驚くべき長射程の透徹した総論を執筆していただいた広井さんに改めて深い感謝を記したいと思います。また、連載時に援助の手を差しのべてくれた毎日新聞社の関係諸氏にも謝意を表します。本書刊行に当たっては作品社の内田眞人さんにお世話になりました。皆さん、ありがとうございました。

広井良典（ひろい・よしのり）

1961年生まれ。京都大学こころの未来研究センター教授。専攻は、公共政策・科学哲学。社会保障、医療、環境、地域などに関する政策研究から、ケア、死生観、時間、コミュニティなどの主題をめぐる哲学的考察まで、幅広い活動を行なう。環境・福祉・経済を統合した「定常型社会＝持続可能な福祉社会」を提唱。千葉大学法経学部教授、マサチューセッツ工科大学（ＭＩＴ）客員研究員をへて、現職。著書に、『コミュニティを問いなおす』（ちくま新書、大佛次郎論壇賞受賞）、『日本の社会保障』（岩波新書、エコノミスト賞受賞）、『ポスト資本主義』（岩波新書）ほか。

大井浩一（おおい・こういち）

1962年生まれ。毎日新聞学芸部編集委員。早稲田大学政治経済学部政治学科卒。1987年に毎日新聞社に入社し、学芸部で文学・論壇などの担当をへて、現職。著書に、『批評の熱度　体験的吉本隆明論』（勁草書房）、『六〇年安保』（勁草書房）、『メディアは知識人をどう使ったか』（勁草書房）、共編著に『大正という時代』（毎日新聞社）、『1968年に日本と世界で起こったこと』（毎日新聞社）など。

2100年への
パラダイム・シフト
——日本の代表的知性50人が、世界／日本の大変動を見通す

2017年3月 5 日 第1刷印刷
2017年3月15日 第1刷発行

編者———広井良典＋大井浩一

発行者———和田 肇
発行所———株式会社作品社
102-0072 東京都千代田区飯田橋2-7-4
Tel 03-3262-9753 Fax 03-3262-9757
振替口座 00160-3-27183
http://www.sakuhinsha.com

編集担当——内田眞人
本文組版——DELTANET DESIGN：新井満
装丁———伊勢功治
印刷・製本—シナノ印刷㈱

ISBN978-4-86182-597-2 C0030

肥満と飢餓
世界フード・ビジネスの不幸のシステム
ラジ・パテル　佐久間智子訳

なぜ世界で、10億人が飢え、10億人が肥満に苦しむのか？世界の農民と消費者を不幸するフードシステムの実態と全貌を明らかにし、南北を越えて世界が絶賛の名著！《日本のフード・システムと食料政策》収録

モンサント
世界の農業を支配する遺伝子組み換え企業
M・M・ロバン　村澤真保呂／上尾真道訳　戸田清監修
次の標的は、TPP協定の日本だ！PCB、枯葉剤…と史上最悪の公害を繰り返し、現在、遺伝子組み換え種子によって世界の農業への支配を進めるモンサント社——その驚くべき実態と世界戦略を暴く！

ブラックウォーター 世界最強の傭兵企業
ジェレミー・スケイヒル　益岡賢・塩山花子訳

殺しのライセンスを持つ米国の影の軍隊は、世界で何をやっているのか？　今話題の民間軍事会社の驚くべき実態を初めて暴き、世界に衝撃を与えた書。『ニューヨーク・タイムズ』年間ベストセラー！

ワインの真実
本当に美味しいワインとは？
ジョナサン・ノシター　加藤雅郁訳

映画『モンドヴィーノ』の監督が、世界のワイン通に、再び大論争を巻き起こしているベストセラー！ 世界の「絶品ワイ148」「醸造家171」を紹介！「本書を読むと、次に飲むワインの味が変わる……」

モビリティーズ
移動の社会学
ジョン・アーリ　吉原直樹ほか編

観光、ＳＮＳ、移民、テロ、モバイル、反乱……。“新たな社会科学”のパラダイムを切り拓く、『社会を越える社会学』を超える〈移動の社会学〉の集大成。新たな古典となる必読書。

軍事大国ロシア
新たな世界戦略と行動原理
小泉悠

世界をいかに変えようとしているか？　多極世界におけるハイブリッド戦略、大胆な軍改革、準軍事組織、機構と実力、世界2位の軍需産業、軍事技術ハイテク化…。話題の軍事評論家、渾身の書き下し！

ジョヴァンニ・アリギの著書

北京のアダム・スミス

21世紀の諸系譜

中山智香子ほか訳　山下範久解説

21世紀資本主義の〈世界システム〉は、中国の台頭によってどうなるのか？東アジアの経済的復興と新たな〈世界システム〉への転換を、アダム・スミスの経済発展理論をもとに、壮大な歴史的視野から分析し、世界的な話題を巻き起こした注目の書！　世界10カ国で翻訳出版。

【付】
アリギ生前最後のインタビュー
（聞き手：デヴィッド・ハーヴェイ）
日本語版解説
山下範久《資本主義から市場社会へ》

「目から鱗が落ちるとは、このことではないか！
一読の価値のある大著だ」
（姜尚中『朝日新聞』書評より）

「東アジアの復興に伴う世界像の変化を、いかに説明するか？
本書は、著者アリギの21世紀世界像であり、
世界システム論の到達点である」
（川北稔『日経新聞』書評より）

長い20世紀

資本、権力、そして現代の系譜

土佐弘之ほか訳

20世紀資本主義の〈世界システム〉の台頭と終焉を、壮大なスケールで分析した世界的名著。いかに〈マネー〉と〈パワー〉は「長い20世紀」を終焉させ、新たな時代を作ろうとしているのか？世界11カ国で翻訳出版。

「〔世界金融危機について〕たんに混乱をあおるだけで
何の洞察もない本や雑誌を読みあさるなら、
せめて、こういう本に目を通すべきであろう。」
（柄谷行人『朝日新聞』書評より）

デヴィッド・ハーヴェイの著書

新自由主義
その歴史的展開と現在

渡辺治監訳　森田・木下・大屋・中村訳

21世紀世界を支配するに至った「新自由主義」の30年の政治経済的過程と、その構造的メカニズムを初めて明らかにする。　渡辺治《日本における新自由主義の展開》収載

資本の〈謎〉
世界金融恐慌と21世紀資本主義

森田成也・大屋定晴・中村好孝・新井田智幸訳

なぜグローバル資本主義は、経済危機から逃れられないのか？この資本の動きの〈謎〉を解明し、恐慌研究に歴史的な一頁を加えた世界的ベストセラー！「世界の経済書ベスト5」（カーディアン紙）

反乱する都市
資本のアーバナイゼーションと都市の再創造

森田成也・大屋定晴・中村好孝・新井大輔 訳

世界を震撼させている“都市反乱”は、21世紀資本主義を、いかに変えるか？ パリ・ロンドンの暴動、ウォールストリート占拠、ギリシア・スペイン「怒れる者たち」…。混迷する資本主義と都市の行方を問う。

コスモポリタリズム
自由と変革の地政学

大屋定晴・森田成也・中村好孝・岩崎明子訳

政治権力に悪用され、新自由主義に簒奪され、抑圧的なものへと転化した「自由」などの普遍的価値を、〈地理的な知〉から検討し、新たな「コスモポリタニズム」の構築に向けて、すべての研究成果を集大成した大著

〈資本論〉入門

森田成也・中村好孝訳

世界的なマルクス・ブームを巻き起こしている、最も世界で読まれている入門書。グローバル経済を読み解く、『資本論』の広大な世界へ！

〈資本論〉第2巻 第3巻 入門

森田成也・中村好孝訳

グローバル経済を読み解く鍵は〈第２巻〉にこそある。難解とされる〈第２巻〉〈第３巻〉が、こんなに面白く理解できるなんて！